本当にあった怖い話

怪《かい》異《い》譚《たん》

河越 龍子 編

ロング新書

目次

祖母の予知夢

もんぺの姉さんがいる

祖母には、変わった予知夢の時代がある。

それに気づいたのは、祖母が幼少期のころだそうだ。当時としては裕福な家に育った祖母。

軍人の曽祖父に、看護師の曽祖母。夜は曽祖父の膝でラジオを聴きながら、コーヒーを一口飲んで眠りにつく。そんな裕福な家庭は、女学校に行くようになってから、すこしずつ壊れていった。

祖母は幼い時分から、この世のものではないものが見えていた。

「母様、あそこにもんぺのお姉さんがいる」

何もいないところを指さして、そんなことを言って、よく曾祖母を困らせていたらしい。祖母からしたら、なんでそこにお姉さんがいるのかわからない。だから親である曾祖母に聞く。それが当たり前だと思っていたが、曾祖母からすると、見えないところに指をさしている祖母が怖かったのだろう。

「おかしなことを言うもんじゃありません！」

そう怒鳴って、ぴしゃりと手の甲をたたくのだ。

祖母は怒鳴られるたび、たたかれるたび「ホントなのに」と、何とも言えない気持ちになっていた。

いつしか、そういったことは口に出してはいけないのだと思い込み、黙っているようになってしまった。

そうして、小さいときは天真爛漫で明るい子だった祖母は、中等学校に行くころにはすっかりおとなしい少女に変わってしまった。

誰かが火に焼かれる夢

その後、第二次世界大戦となり、針の仕事で和裁士となった祖母は、戦時中に三日に一度ほど変わった夢を見るようになったのだそう。

それは、誰かが火で焼かれる夢だった。

恐ろしさで目を覚ますと、汗をびっしょりかいていて、その後、朝が来て、朝食の支度をする時間になるまで眠れなかったそうだ。

（これは、誰かが火で亡くなってしまうかもしれない…）

そう直感した祖母は、周りのみんなに火の始末をしっかりするように言いつたえたという。

あたかも、戦時中である。火のことには敏感で、誰もが少女である祖母の言葉を一度は信じて守った。

幸い、そのあと火による事故などは、起きなかったが、代わりに祖母は気が違ってしまったのではないかと近所でうわさされるようになってしまった。そして、昔のオオカミ少年のように、その後は信じてもらえなくなった。

「ほら……あそこのお嬢さん、流行り病にでもなったのかしら、最近見かけないわねえ」

この世の常識では、測れないもの

曾祖母に、外に出ることを禁じられた祖母は、いつしか「流行り病の天然痘になった」のでは、などと言われたり、気が狂って身を潜めているのだろうとか、うわさが立つほどだったそうだ。

それほどまで、祖母の奇行に近い、夢の話は続いたのである。

ある日は、だれかが海に落ちたとか、首を吊るだとか。途中からは、そのどれもが到底考えられないような現実味のないものであったのだそうである。

近所の目線も白い、だから、誰ともかかわることができない。近所の子供となんて到底遊べるはずもない。

たまに遊ぶことがあると、子供たちに対してもその奇行と思われる発言が、とめどもなく続くのだ。

それは、誰がいても、誰といても変わらなかった。

曾祖母はいつしか、祖母を納屋から出さなくなってしまった。「ここには入っちゃいけない」と、兄妹も入らせてくれなかった。

兄妹は、はじめこそ大好きな祖母と遊びたいと駄々をこねたが、幼いながらに怖かったんだと思う。しばらくするとそんなことも言わずに、外へ遊びに出かけるようになった。

そして、曾祖母といえば、いい先生がいると聞けば、市電で三時間かけてでも祖母を診せに行ったし、病いに効くらしいと聞けば、わざわざ求めて、食べさせたし、飲ませたらしい。

日に日に増える、気付けの薬。健康に良いといわれて手に入れた食材。曾祖母の、そんな行いが、祖母には辛かった。ほんとに自分は気が狂ってしまったのではと思い、自ら命を絶つことまで考えていたという。

決定的なことが起こって

一九歳のころだった。

若いながらに、祖母が見るその夢は、祖母だけでなく曾祖母までも苦しめていたのだった。

数十年がたったある日、友人の法事で決定的なことが起きる。それは、法事に伺っていた際の、焼香の時だった。

真冬なのに、ぽたぽたと汗がしたたり落ちるほど、祖母は汗をかいていた。それは、まるで何かに焼かれるような、そんな感覚だった。

しかし、祖母には熱いという感覚は、自分の体感というよりは、誰かが苦しんでいるという感覚なのではないかという実感、直感があったのだ。

一瞬にして、若いころ見た夢を思い出した。

(ひょっとして…、この子だったのかも)

そう思って、遺族である友人の母に

「○○ちゃんは、火の事故か何かで亡くなりましたか?」

そう尋ねた。

すると、家族葬で誰も知らない情報をなぜあなたが知っているんですか？　と尋ね返されたそうだ。

なんでも、その友人は、借金を苦に、焼身自殺をしたそうだ。数十年たっていたが、あの夢は的中したんだと、祖母は確信していた。


そして、祖母は、ご遺族に話したそうだ。

「もっと早くに知っていれば、止められたかもしれない」

という思いが、遺族の人にはあったが、それは酷というもの。遺族の人も、それは言い過ぎと思って、言葉を足した。

「あなたのように、あの子の苦しみを知ってくれている人が一人でもいてくれて、あの子も浮かばれるでしょう」

そういう言葉を残してくれた。

祖母はすぐに帰って曽祖母にそのことを伝えた。

曽祖母は偶然だと、気にも留めなかったが、汗でびっしょりの祖母のモンペをみて、信じようかという気持ちになる自分を抑えられなかった。

それからは、気付けの薬も飲まなくてよくなったと祖母はとても喜んだ。

祖母の結婚と予知夢

さらに、見えるものを安易に外で発言しないように注意するようにもなった。そうすれば、祖母だって一人の女性である。近所からの評判も戻ってきた。そして、お見合い話が入って、祖母は結婚した。

次に見た「海に落ちる子の夢」は、結婚してから奇しくも自分の子供、それも双子の片割れという形で実現してしまった。

(もっと、夢を信じていれば、わたしはこの子を亡くさなかったのかもしれない…)

悲しみに打ちひしがれる中、葬儀の帰り、小さい子たちが川で遊んでいたのを、祖母はやめさせたという。

祖母は、自分を信じてこなかったために、悲しい事故を目撃することになったことを悔いた。そこで、夢の続きは本当はどうなっていたのだろうかと考えるようになった。


苦しみと格闘しながら、夢の続きを見ようとしてみた。すると、悲しみの中にいる祖母に寄り添う、知らない着物を着た女の子がいた。

それで、祖母にはわかったのだ、それが亡くなった双子の片割れちゃんだと。

美しい女の子だった。

「ごめんね。助けれんでごめんね」

泣いて謝る祖母に、

「かあちゃん、大丈夫だからもう泣かんで」

と、頭をよしよしすると、まばゆい光の中に消えたという。

株の下落が原因か

そして、そんななかでたたみかけるように、今度は祖父の旧友が首をつって亡くなったらしい。

その理由は、大病からくる精神的な不安からとか、敗戦したショックとかいろいろささやかれたが、祖母は夢で見たことを思い出した。

「あなた、その方、株をなさっていたんじゃないかしら?」

そう聞くと、祖父はそうだが、と答えた。

「きっと、株が下落してしまったんだと思います」

そう、祖母が言うとおり、その旧友は株で損をして借金をしてしまったのが原因で、自殺したのであった。

原因を含めて、身の回りで起こっている不可解な死のそのどれもが、幼少から女学校時代に、みんなが信じてくれなかった夢のとおりだったのだ。

スーパーおばあちゃんに変身

それからというもの、何かが起こるたびに、その不思議な夢は続いた。

わたしの小さいころの手術のときも、姉が交通事故に遭ったときも、何か起こる前には、しっかり祖母は夢を見ていた。

母が大病をして、手術をするときも、いの一番に察して注意を促していた。

しかし、母は信じていなかった。そして、結果その通りになってしまった。

それから、祖母に対する目が我が家では変わった。今までやさしいおばあちゃんだったけど、それからはスーパーおばあちゃんになったのだ。

今なら、きっと何かの占いや宗教教祖として使えただろうその能力。祖母は、それを私利私欲のために使わなかった。

なんでも理由は、この大切な夢を、お金儲けに使いたくないのだそう。

もう今は九〇歳を超えて、その予知夢みたいなことはなくなってしまったけど、それは私たち孫の代まで受け継がれているらしく、姉がたまにそんなことを言う。

父の死

もうあかん、全部俺が悪い！

一九八五年。小六の夏休みが終わろうとしていた。私は突然、父を失った。これは、霊感のない私が唯一体験した実話である。

公務員だった父は、華奢なインテリ。酒に酔ってふざけては、家族を笑わせた。晩年は、当時導入されたパソコン業務に頭を抱え、連日の深夜残業、上司からの圧力に苦しんでいたという。

私は幼いころ、面白い父が好きだったが、段々変わってゆく父を、「怖い」と感じ出していた。

口数と笑顔が減り、テレビの音声にすら苛立っていたからだ。

「もうあかん。全部俺が悪いんや。ぜーんぶ俺のせいや」

当時の父の口癖だ。

これが鬱の症状だと知るのは、私が大人になってからだった。誰にも理解されず、自分だけを責めて、父は孤独を深めていった。

文集に載った作文

父が亡くなる数カ月前。

学校で「家族を題材にした作文」が課された。変わり者で面白かった父のことを書こうと決めたが、もう忠実には書けない。私は「こうあってほしい」という願いを込めて、半分本当（過去の父）、半分嘘（理想の父）の作文を書いた。

困ったことが起きた。

父の作文が、担任から絶賛されてしまい、学校の文集に掲載されることになったのだ。

私は困り果てながらも今さら嘘だと言えず、後ろめたい気持ちで、担任に清書した原稿を提出した。

後日、分厚く製本された文集が配られたが、家族の誰にも読ませなかった。

ある夜、父が私を呼んだ。

「文集を見せてほしい」と言う。

心臓がバクバク鳴った。知らない間に母が読んで、伝えたのか？

私にも子供がいるので、今ならわかる。

父は、本当のことを書けなかった私を不憫に思い、謝りたかったのではないだろうか。

当時の私は、只々「叱られる」と思った。

父は酒を飲みながら、

「どこにあるんやー」と待っている。

どうしよう。どうしよう……。

咄嗟に私は、自分の文章が掲載されたページを無理やり根元からちぎった。文集にはギザギザの紙片が残り、不自然な段差が出来た。私はじんわり汗をかき、黙って父に文集を手渡した。

父は、パラパラと頁をめくる。

「S子のは、どこに載ってんねん」

「私のは載ってへん」

破った跡からして嘘は明白だったが、父は私を責めなかった。

「そうか」と文集を返し、そのまま黙って酒を飲んでいた。

その夜以来、父は二度と、文集のことを口にしなかった。

不気味な絵

子供心に、「父を傷つけた」と思った。

最後の日々は、記憶の中でも澱《よど》んでいる。家族の習慣だった週末の買い物にも、父は来なくなった。

「早く行ってこい」と追い立てられる。

ビクビクしながら帰宅すると、薄暗い部屋で酒をあおりながら、父が不気味な絵を描いていた。

画面いっぱいの絶叫顔——。

上から濃い鉛筆で、幾重にもぐるぐると円が重ねられている。少し撫でると、指先が芯で真っ黒になる。

ぐるぐるぐるぐる。

ぐるぐるぐるぐる……。

「S子」

何度か、無表情の父に呼ばれた。

私は怯《おび》えつつ、平静を装ったものだ。

「何？」

「さよなら」

「え？」

「S子、さよなら」

「なんで？　意味わからへん。何ゆうてんの？」

わざと無邪気なふりをしたが、このやりとりが、どれだけ嫌だったか。

（お父さん、もうすぐ死ぬんやろうな）

自分でも驚くほど、冷静な予感だった。

祖母の家に泊まる

八月二五日。母と私たち姉妹は、母方の祖母の家に泊まるよう、突然父に言い渡された。

私は友達とプールに行く予定があったが、逆らえない。私だけ、プールから祖母宅に直行することで、話がまとまった。

「じゃあ行ってきます」

狭い玄関先に、珍しく父が見送りに来た。

いつまでも私たち三人を見つめている。父の表情を見るだけで気が塞《ふさ》いだが、つとめて普通に、家を後にした。

夕方。プールから戻り、自宅前を通った。

(今家に帰ったら、お父さんがいるんだよなあ……)

何となく寄ろうかな、と思ったが、(怖い、会いたくない)。気持ち早足で、スタスタ通り過ぎてしまった。何故か罪悪感がわき、後ろ髪を引かれた。

祖母宅では、疲れて早く床に就いた。二階の和室の布団から、階段を上がり切った踊り場が見える。

踊り場の父

何時頃だろうか。

パチッと目が覚めた。

驚いた。

父が、白いランニングとステテコ姿で、踊り場に立っている。

「え…?　お父さんも、来たん?」

父は、私をジッと見つめたまま返事をしない。そのまま数秒間見つめ合っただろうか。でも睡魔が襲い、私はそのまま眠ってしまった。

翌朝。

「お父さんも来たん？」

「なんで？　来てはらへんで」

「昨日の夜、お父さん階段のとこいはったで」

「それ夢ちゃうん？」

母は完全否定した。

夢とは思えない。ハッキリ見えたのだ。前の道路を走り抜ける車のエンジン音まで、鮮明に覚えているのだ。

突然、電話が鳴った。母宛である。

「え…？　ご迷惑をお掛けして申し訳ございません。すぐに様子を見てきます」

お父さん、死んではる

父の職場からだった。

出勤していないと言う。

祖母宅も緊急連絡先になっていたのだろう。

「どうする…？　一緒に来る？」私と姉はなんとなく嫌な予感がして、断った。

「そうか。ほな、おばあちゃんとこで待ってて」

母は急いで、一人で帰宅した。

数時間して、電話が鳴った。

祖母が出た。

「……………」

祖母が母と何を話していたのか、全く覚えていない。ただ、祖母に言われた言葉はハッキリ覚えている。

「お父さん、死んではるねんて」

「え…？」

「死んではるねんて」

思考が停止するとは、このことだったと思う。

父は自宅で亡くなったため変死扱いとなり、警察や新聞社が来たらしい。死因は「心不全」。死亡推定時刻は「午後八時半以降」とのことだった。働きすぎて、布団の中で心臓が止まったそうだ。四四歳だった。

私と姉は祖父に連れられ、夕方近くに自宅へ向かった。

葬儀前夜に

父はすでに納棺されており、マンションの集会所に安置されていた。眠っているようにしか見えなかった。親族が続々と集まる。通夜の夜、母が気丈に私と姉の手を握り、

「これから三人になるけど、もし母子家庭でいじめられても、絶対にくじけたらあかん。頑張っていこうな」と言った。

私は、（いじめられたくないな）と思った。

私と姉は、自宅で寝るよう命じられた。親族が沢山いたので、リビングで雑魚寝した。

深夜、視線を感じてふと目が覚めた。暗がりの中、ダイニングキッチンに目をやる。

前夜と同じ姿の父が、椅子をまたぐように、こちらを見て座っていた。オレンジ色の常夜灯の下で、黙っている。生きてそこに居るように見えたせいか、恐怖心はなかった。

見つめ合ううち、眠りに落ちた。気付けば朝になっていた。

葬式でも母は気丈に背筋を伸ばし、前をまっすぐ見つめ、参列者に頭を下げ続けた。姉もしっかりと座ってお辞儀をしていた。私だけが、同級生に自分の姿を見られるのが恥ずかしく、母と姉の陰に隠れ、オドオドと座っていた。

最後の喪主挨拶の時、ずっと気丈だった母がよろめいた。両脇を親族に抱えられながら、どうにか

「本日はありがとうございました」

とだけ絞り出した。

晩夏の蝉が、鳴きわめいていた。

火葬場へ向かう車内で、もう二度と父に会えないのだと実感し、初めて涙が出た。私より我慢していたであろう姉も、泣いていた。一度泣くと止まらなくなり、二人でしゃくりあげ続けた。

心不全ではなかった

一〇数年後、私は三〇歳を越えた。父の死因「心不全」が、ずっと気になっていた。

あの日、私がプールの帰りに家に帰っていたら、父は死ななかっただろうか？

長年、何度も後悔していた。

ある日、思い切って母に尋ねた。

「お母さん。お父さんって…ホンマに心不全やったん？」

諦めたように、母が隣の和室を指さした。

「あそこで死んではったんやんか」

父は、やはり自死だった。

鴨居に物干し竿を渡し、母の着物用の紐を使ったそうだ。あの日、母と一緒に帰宅していたら、私も目の当たりにしていただろう。母は子供らの心情を思い、親族らと申し合わせ、「心不全」と説明していた。私が疑わなければ、墓場まで持って行くと決めていたらしい。

姉に話したところ、彼女もやっぱりね、と驚かなかった。

母にもうひとつ、伝えようと思った。

「私な、おばあちゃんの家でお父さんを見たやろ。白いランニングとステテコ着てた。お通夜の夜もな、台所の椅子に座ってた」

母は驚いていた。

「お父さん、その恰好で死んではったわ」

後悔は募るばかりだ。

作文を見せなかったこと、

鬱病の父を怖がり、優しくできなかったこと。
最後の夕方、家へ立ち寄らなかったこと。

本当に怖いこと

その後の私は、人生で何度もピンチを迎えた。だが不思議なことに、最悪の事態に陥る前に、自然と助かる方向に向かう。

間違いなく、父は今でも私を見ている。守ってくれているのだ。父が絶命したのは、私が踊り場で出会った、あの時刻だと思う。

しかし、この頃は、父の本来の寿命について考えることが多い。

人は、自分で決めた寿命があるという。もし、自死によって、あの世に帰ろうとしても、本来の寿命の間は、天国には行けないのだそうだ。

死にきれないのだという。だから、この世に留まって、死んだ場所に留まっているらしいと聞く。悪さをする霊の場合は、親しい人を道連れにする。なので、暗い気持ちになったり、ネガティブな気持ちにならないように、明るい気持ちで生きることが大事なんだとか。


父は、まだ、私たちの家にいるのだろうか？

それとも、本来の寿命がきて、あの世に戻れたのだろうか？

死んでしまった父の霊が悪さをしなかったのは知っている。なので、怖くはないが、あの世に帰れないでいるかもしれないと、考えたりすると、いまでも眠れない日があるのである。

とある部屋の奇妙なお話

二人の中国人

それは、以前働いていた職場で起こったことでした。

その職場は外国人が一カ月ほど滞在して日本語を学べるところです。郊外のしゃれた感じの四階建ての建物でした。そこに住む人は一カ月ほどで入れ替わるのですが、ある部屋だけが、少し変わっていました。不思議な現象が起こるのです。

私は、その建物の別室に住みながら、日本語を教えていました。

ある中国人の若い男性が二人、その部屋で生活をしていました。一人はあまりものを言わない静かな感じの人で、もう一人はよく話す社交的な感じの対照的な二人組でした。私は、彼らに昼間、日本語を教えていました。

彼らが滞在し始めて、二週間ほど経った時のことです。

その日も昼間は勉強し、その後一緒に夕食をとり、ロビーで談笑などし、いつも通りそれぞれの部屋に帰って行きました。

彼らの部屋は四階にあります。

その施設はどの部屋からも海が見え、部屋の窓を開けると、潮風が入り、波の音が聞こえてきます。昼間なら素晴らしい景色でいつまでも眺めていられますが、夜の海は変貌します。海は真っ暗でその暗闇に吸い込まれてしまいそうになり、潮風の音も誰かが唸っているように聞こえてきます。

部屋にはバス、トイレとミニキッチン、それから部屋の真ん中にシングルベッドが二台とその間のベッドサイドには内線専用の電話とランプ、窓辺には小さなソファとテーブルとテレビがありました。

彼らは部屋に入ると早々にカーテンを閉め、窓辺の小さなソファに座り、その日の宿題をしたり、これから働く会社での必要なことを勉強していました。そして、いつも通りシャワーを浴び、歯磨きをしてベッドに入ったそうです。

明け方の電話

その日は、いつもより寒さが増していたようで、なかなか寝つけませんでした。彼らは、もともと中国の北の方の出身なので寒さには慣れているはずなのに、足のつま先が凍るようなそんな感覚だったようです。それでも二人で話しているうちにだんだん眠くなり、いつの間にか眠ってしまいました。

突然、ベッドサイドに置いてある電話が「プルルル！　プルルル！　プルルル！」と鳴りだしました。二人はびっくりして起き上がりました。時計を見ると朝の五時半過ぎ。電話の音はまだ鳴っています。

日本人の先生が緊急で電話をかけて来てるのかと思い、彼らは電話に出ることにしました。

「プルル…　プルル…」

「…モシモシ」

彼らの一人が電話をとって、教えてもらった日本語で「モシモシ」とそう言った瞬間、

「地震よ！」

「逃げて！　危ない！」

女の人の声です。

「モシモシ、誰デスカ」

「地震よ、早く、早く逃げて！」

切迫した調子です。

怖くなった彼らはすぐに電話を切り、何かわからないまま部屋の外に出たそうです。でも、地震もなければ、部屋の外にも誰もいません。

彼らは部屋に戻り、起床時間までまだ少し時間があったので、そのまま二人で起きていました。

そして朝になってすぐに私のところにやってきました。

「センセイ、アサ、ワタシノ部屋ニ電話シタ？」

「電話？　いいえ。どうして？」

地震があった場所

理由を聞くと、彼らが今朝体験した電話の話をしてくれました。

私は彼らに

「以前、ここで大きな地震があってね。外に見えている柱が斜めに歪んでいるのや、地面のタイルに亀裂が入っているのは、実は地震のせいなのよ。もしかしたら、その電話はその時の地震と何か関係があるのかも」

ということを話しましたが、私自身、半信半疑だったので、そう言うしか説明ができませんでした。

しかし、彼らもそれ以上、そのことについて追求することはありませんでした。

彼らは、あの電話以来、ちょっと気味が悪いなとは思っていましたが、数日間何も起こらなかったので、だんだん、電話のことも気にならなくなっていました。また、いつもの通りに、ソファに座り宿題をしてシャワーを浴び、ベッドに入り眠りにつきました。

人の気配

それからしばらくたってのことです。

明け方、社交的な中国人の方が人の気配を感じ、目を醒ましました。眠かったし、友人がトイレにでも行くのに起きたのだろうと思い、そのまま寝ようとしました。

しかし、しばらくたっても人の気配は消えません。耳を澄ますと部屋を徘徊しているような足音が聞こえます。寝返りを打って、見ると友人が寝ていました。起きていると思った彼は、そこで寝ているではありませんか。

では、さっきから部屋を徘徊しているのは誰なんだ？

彼は怖くなり、そのまま目をつぶって朝になるのを待っていました。

朝起きて、友人に昨夜の話をしました。しかし、友人は気づいていないようでした。もしかしたら気のせいだったのかもしれない。本当に見たわけではないし、きっと思いちがいだろうということにしたそうです。

その日の晩。昨夜のことが気にはなりましたが、彼は睡魔に襲われ、眠りこんでしまいました。そうして、しばらくすると、やはり人の気配がしてきました。

「昨夜ト同ジダ」

と思いながら目を閉じたまま耳をすましていると、

「パタ、パタ、パタ」

と部屋を徘徊する足音が聞こえます。彼は、気のせいかな、いや、これは気のせいなどではない。いま、絶対に自分たちの部屋に自分たち以外の誰かがいる。もしかしたら、別の部屋の人かも知れないと思い、勇気を出して薄目を開けることにしました。

足音が聞こえる方へと少しずつ寝返りを打つように体勢を変え、こっそり見てみました。

赤い靴を履いた女性

そこに見えたのは赤い靴を履いた女性の足でした。館内は土足厳禁な場所で靴を履いているのは滞在者ではない。

では、誰なのか？　もしかして泥棒なのか、それとも幽霊なのか。怖イ怖イ怖イ怖イと思いながらも、もう少し目を開けて見てみると、赤いワンピースを来たずぶ濡れの髪の女性がゆっくりと歩き廻っていたのです。

これは、泥棒ではないと思った彼は、ひたすら目をつぶって朝がくるのを待っていたのですが、そのうちに眠ってしまいました。

朝、物静かな方の同居人にその話をしたら、彼も気づいていて、怖くてずっと目をつぶっていたそうです。そして、それはそれから毎晩続きました。彼らも最初は怖いと思っていましたが、ただ徘徊しているだけで、危害を加えることもないので、極力気にせずに寝ることにしたそうです。

そうするうちに一カ月が経ち、彼らもその部屋を出ることになりました。

ありがとう

最後の晩、一カ月間、一緒に勉強してきた他の友人たちとお別れパーティを開いて、二人は楽しい時を過ごしていました。

彼らは明日、出て行くので荷造りをしたり簡単に部屋を掃除したりしていました。気づくと一二時を過ぎていましたが、まだ終わらないので、そのまま片付けをしていました。

そうこうしていると急にテレビがつき、スノーノイズの画面になりました。突然、テレビのスイッチが入ったことに驚きながらも、思わずその画面を見ていると、そこにテロップが流れてきました。そのテロップには「ありがとう」と書かれていました。

ありがとう

彼らは毎晩の体験で、もう怖いという気持ちは無くなっていました。そして、その晩は、それ以外は何も起こらず終わりました。

今ハ怖クナイ

彼らが出て行った後も、また別の外国人がその部屋に滞在していました。毎回その現象は続きました。だから、部屋に余裕のある時には、その部屋は使用されないことが続きましたが、数カ月に一回くらいはその部屋に滞在する外国人がいました。

すると彼らは、以前そこで他の外国人が体験したしたことと同じような体験をするのでした。

あるミャンマーの女の子の話では、その赤いワンピースを来た女性は、机の上に置いてある自分たちが書いた日記を、ソファに座って読んでいると言っていました。

「怖い？」

と聞くと

（最初は怖かったけど、ただ部屋を歩いて日記を読んでるだけだから）

「今ハ怖クナイ」

と言っていました。

電話で「逃げて」という女性と

部屋を徘徊している女性。

それからテレビに「ありがとう」と書いた誰かが、すべて同じ人物なのか、あるいはすべてが別なのかはわかりません。

また、なぜ徘徊したり日記を読んだりしているだけなのか、「ありがとう」とは、どういう意味だったのか。それも、私にはわかりません。

あれから一〇年以上の月日が経っていますが、今あの部屋はどうなっているのでしょうか。

鰻《うなぎ》獲りの怪談話

お盆が来ると思い出すこと

庭に出ても数軒の藁屋根しか見えない、狭い故郷のことが思い出される。当時、支那事変で鉄条網を切り開いたという爆弾三勇士がいた。私たちは、彼等にちなんで「少年三羽烏」と名乗って、野山を駆け巡って遊んでいた。三人の少年は、部落の変わり者で人一倍博学で読書家の大福さんにいろいろなことを教わったが、中でも鰻獲りの実演には肝を冷やした。

三羽烏の一人、コウジ君宅の裏庭に生えていた山椒の木の皮をはぎ取るところから教わった。皮をはぐと、それを刻んでいく。そして、石臼で搗《つ》き、さらに竈《かまど》の灰と水を混ぜて何個かの団子を作らされたのだ。

三人は、団子を背負子《しょいこ》で背負って、矛《ほこ》、鋸《のこぎり》、手網《たづな》、魚籠を用意して、隣り部落の棚田に忍び寄った。

この辺の記憶は曖昧だが、自分の部落ではさすがに、実演出来なかったのだと思う。大福さんの入れ知恵ではない。大福さんは、こういう方法もあると教えてくれたけど、こんなことは、大掛かりにやってはいけない、こっそりと分からないところでやるんだよ、と嗜《たしな》められたくらいだから。

山椒団子を田んぼの側溝に投げ込む

三人のうち、一人が奥の田んぼの一尺（約三〇センチ）くらいの側溝で団子を一個ずつ揉み、砕く役をする。残る二人は、下手の方で静かに溝の流れを見張るのだ。すると、

「イタイター、ワー出た」

と奇声を上げて、ガンちゃんが走る。

跳んでいってみると、三尺近い鰻が、大蛇のように溝から這い上がろうとしていた。

それを見て、コウジ君は鋸《のこ》の背で鰻をめった打ちにして、魚網に入れた。

あっという間のことで、お互いの興奮は覚めやらない。すると、今度は溝の雑草の影からヤマベ、フナ、ドジョウなどの雑魚が白いお腹を見せて、ゆっくりとながれ出てきた。

その数が、半端でなく、だんだんと増えてくる。

白いお腹を見せて、ぷかぷか浮かんでいる雑魚たち。

それをドキドキしながら魚籠に入れた。

慌てていたので、小さい魚は見逃してしまった。

何より、鰻は想像以上に大きかったし、つがいのようであった。こんな大物たちをどうしたらいいのか。ひょっとして、村の大人に知れたら、大変なことになるのではないか。

慌てた僕たち三人組は、山越えして大福さんの家まで走ったが、大福さんは、せんだって忠告したばかりだから手放しでは喜べない。少々おかんむりだった。

でもまあ、やったものはしかたがないかと、笑っていわく、

「ありゃー、山椒で痺《しび》れたんじゃから、すぐに元にもどるよ」

と、ぷかぷか浮かんだ雑魚の話をアッサリと切り上げ、袋から掴み出した鰻に、すっかりご満悦の様子だった。

しかし、いざ小刀で鰻を三等分にしようとしたら、驚くようなことが起こった。弱って死んでいるかと思ったつがいの鰻のうち雄だと思うが、急に頭をもたげて、大福さんの手を振り抜けて、小刀を持っていたコウジ君に襲いかかってきたのだ。

「あっ、こりゃいかん」

大福さんは、声を上げた。

「三人ともよく聞きなさい。この鰻のつがいは、逃してあげなさい。わけは今から話すから……」

江戸の鰻怪談

これからお話しするのは、その時に大福さんから聞いた「江戸でいちばんの怖い怪談」といわれる話である。

変わり者の大福さんは、江戸の怪談が好きだったのだ。

これはあの『南総里見八犬伝』を書いた滝沢馬琴の話なのだと言う。

鰻の話である。大福さん流の要約になる。

「昔、むかし、江戸時代の天明年間の頃のこと。鰻を生業にして繁盛している人が、いつものように北千住か日本橋の河岸で鰻を買ってきた。帰って盥《たらい》のふたを開けたら巨大な二匹の鰻が入っていた。おかしいなあ、普通のサイズの鰻は仕入れた記憶があるが、こんなに大きな鰻は仕入れていないぞ。

不思議に思ったが、鰻屋の主は、早速得意先の鰻好きの人に、食するか尋ねると、もちろんという答えだった。どういうわけで二匹が盥の中に入っていたのかは不明だが、二匹はつがいで、相手を思いやる愛情が強いのか、捕まっても、互いを逃がそうとして、めちゃくちゃ暴れる。

　キリで頭を刺そうとしても、大人しくしてくれない。思い切り暴れるので、調理ができない。鰻屋の主は誤って自分の手にキリをさして、貫通させてしまう始末。手は血だらけだ。

　困った鰻屋のオヤジさんは、養子の、元武士だった調理人を呼んで、仕事をさせたのだという。それでも、暴れて、仕事にならないため、とうとうその調理人はしっかりと鰻をつかむと、鰻に向かって小声で言い聞かせたそうだ。

「よく聞きなさい。どんなに暴れても、お前の命は助からない。頼むから素直に割かせてくれ。その代わりおれはこの家を立ち去って、これから先、鰻屋の商売は一切やめることにするから」

　なんでも願い事をする時には、誓願を立てないとダメだとよく言われる。この時には、鰻屋の商売をやめるという一言が通じたのか、鰻はからみついた体をほどくと、養子の調理人の手で静かに割かれた。

　ところが、苦心して割いた鰻だが、焼いて出したところ、強烈に気持ちの悪い臭いがしたために、誰もが箸をつけようとしなかったのだそうだ。

その日の夜中に、また、一悶着が起こった。買ってきた鰻を放しておいた生《いけ》簀《す》から騒がしい音が聞こえてきた。生簀の蓋を開いてみると、おびただしい鰻が頭をもたげていて、こちらを睨《にら》んでいる。そして、もう一匹残っていた大鰻はどこかへいなくなってしまったという。

大鰻を調理した養子の調理人はすっかり恐ろしくなってしまい、夜明けとともに、その鰻屋を出て行った。千葉の実父の元で一年ばかり過ごしたが、ある日養家の鰻屋から、あなたの養父さんは昨年より病を患い、困っているので、急いで帰ってきてほしいという手紙が届く。

男は、養父の看病をかねて戻ることにした。ところが帰ってみると、養母は愛人を家に引き入れている始末。商売にも身を入れず、寝たきりの養父を奥の三畳間に押し込めていた。

さすがに見かねた養子の調理人は、病人の養父を自らが看病することに。しかし、養父は薬も食事もまったく受けつけない。ただ水だけは飲む。ものを言うこともできず、時々鰻のように顋をふくらませて息をするという。なんとも情けない姿のまま、ほどなく息を引き取った」

という話である。

鰻屋は潰れてしまったので、養母の行方はわからずじまい。後始末をねんごろにして、元武士の調理人は左官に転職する。左官の技術を習って、それで渡世をするようになったという。

後年、彼が左官の仕事をしているときに、鰻を出されたが、色をなして忌避するため、事情を聞いたところ、過去の因縁を話してくれたという。

実は、鰻が必死になって逃れようとしたときに、その尻尾で腹部を殴打されたらしく、それが、寒さが厳しい夜には、じくじくと今でも痛むのだそうだ。

これが、江戸の怖い鰻の話である。

僕たちはこの話を聞いて心底びっくりした。すぐに元の場所に鰻を放流しに行ったのは言うまでもない。少年三羽烏といえども、さすがに鰻のたたりは怖かったのである。

自分を守る方法

憎しみの感情が苦手

これは私が体験した怖い話だ。

私は普段から霊体、霊魂、死神様、妖怪など色々な物が見えている。幼少期から見えているため、見えない人の感覚はわからない。あまりにもあたりまえに、人とすれ違うように、彼らは存在しているので、ほとんどの場合怖いなどという感情は抱かない。

そんな私だが、一つ苦手な物がある。

それは「憎しみの感情」だ。

憎しみを持って現世に残っている霊体は極めて危険である。

なぜなら、人間は能力の高いものでないと対処できないからだ。

ふつうの人は、霊の姿を捉えることも話すこともできない。

だが、霊は人間の姿が見え、人間の会話を聞き、時にはとり殺そうとする。

悪い霊には注意が必要なのだ。現世では人間よりも、霊の方が強いこともある。


ひとえに人間の心がけ次第であるけれど……。

だから、心のコントロールをしっかりとする必要がある。

クリント・イーストウッドの秀作映画『インビクタス』を見た人はきっと覚えているだろう。

主役の黒人大統領ネルソン・マンデラが言った言葉。

「私が、私の魂の指揮官なのだ」

「私は学んだ。勇気とは恐怖心の欠落ではなく、それに打ち克つところにあるのだと。勇気とは怖れを知らない人間ではなく、怖れを克服する人間のことなのだ」

霊体が信号待ちをしている

その日は曇りで、少しジメッとしていた。もうすぐ梅雨入りしそうな天候の日だった。久しぶりに自転車でゲームセンターに寄ってみることにした。

大通りの信号にひっかかった。向かい側の歩道にもちらほらと信号待ちをしている人がいる。

その中には腕がちぎれている男性もいた。この世のものではないのは明らかだった。こちらを睨んでいるが、信号はまだ赤のままだ。人と同じように霊体が信号待ちをしているのはよくあることだ。

しかしその男性の存在感は大きかった。とはいえ、霊が居ること自体はいつものことだと思い、無視をしていると突然周りの音が極端に小さくなった。先ほどまで聞こえていた車が通り過ぎていく音や、となりで信号待ちをしている人の会話などは微かに聞こえる程度になった。

それをかき消すように男性の声のような音が聞こえてくる。

何やら大きな声で叫んでいるが聞き取れない。

なにを言っているかわからない。耳を澄まし、その言葉を聞き取ろうとしたとき信号は青に変わり、車は走り出し、人は横断歩道を歩き出す。

その瞬間ぱっと解放されたかのように周りの音が聞こえるようになった。私は少し戸惑いながらも、信号を渡りたかったため自転車を漕ぎ始めた。私はその男性がいた場所を避けるようにし、目的地を目指した。

自分を守る方法❶思い出さない・近づかない

私は無事に目的地に着いた。そして何事もなかったかのようにゲームセンターを楽しみ、買い物を済ませた。

悪しきもの、霊に関心を向けると、それはすぐにやってくる。だから、

「思い出してはいけない」

「近づいてはいけない」

と、心は常に警告を発する。悪しきものを見た時には、シャットアウトする。

私の魂は警戒心が強く、自分を守る方法を知っているのだと思う。

日が沈み、時刻は七時半を過ぎようとしていたため、そろそろ帰ろうと思い、駐輪場に向かった。

荷物が重い、喉が渇いた。

そんなことを頭で考えながらいつもの道を走り出した。

特に急用があるわけでもないが、急いで自宅を目指した。買った物を早く開けたかったのだ。

信号に引っかかる

自転車を漕いでいると、普段に比べて通りに車が多い気がした。

気がつけば、先程行く途中で男性を見た信号が見えてきた。

本当であればあの信号は通りたくないが、通らなければ自宅に帰れない。

仕方がない。

「頼む、引っかからんといてくれ」

と思った時、信号が点滅を始めた。急いで自転車を漕いだが、間に合わなかった。

「あと一〇秒だけ早ければ間に合っていたのに……。嫌やなぁ」

そう思った時、あの感じたことのある感覚になった。

周りの音が小さくなり、だんだんと視界がぼんやりとしていくのだ。

その瞬間、あの男が先ほどとは逆の方向からこちらを睨んでいる。

「なんだ？」

と思いながらも、私はその男性から目が離せなくなっていた。

この時すでに、私はその男性に魅入られたのだろう。

私はなにも考えずボーとしていたが、男性が動き始めたその途端、過去が見えた。

その男性がどんな風に生き、どんな風に死んだのか。

次の瞬間、その見えた景色を遮るかのように、男は私の耳元で囁いた。

「憎い！　殺したい！」

男は、いつ私の後ろに移動したのか。そしてなぜ私は動かなかったのか？

頭が混乱しつつも、私は男にそんなことをしても意味がないと心の中で叫んだ。

だが、その男は言う。

「こんなはずじゃなかったんだ！」

自分を守る方法❷相手にしない

その声には「憎しみ」「悲しみ」いろいろな感情を感じた。

私は、その人を天の国へ導くことはできたが、楽観的には考えない。危険は犯してはならない。負のオーラや悪霊の存在が大きすぎると、自分の任に堪えなくなる。自分の命が持たないと思い、必死に自我を保つのだ。

相手にしてはならないこともあるのだ。

これ以上相手にしていると連れて行かれると察した私は、信号が変わった瞬間なのか、少し時間が空いていたのかはわからないが、無心で自転車を漕いだ。ただひたすら自宅に向かって。

自転車を漕いでいる時、少し身体に重みも感じながらも、気にしたら何かよくないことが起きると思い、振り返らなかった。

家に着き、私は「助かった」と思った。

外がジトジトしていたからだろうか、嫌な汗で、体がベタベタだった。

心臓はバクバク音が鳴るほどバウンス（動悸《どうき》）し、息は上がり、少し意識が朦朧とするレベルだ。

だが、私は自分にとって都合のいいことを思い出した。

私の家には「結界」が張り巡らされているため霊体は入れなくなっているのだ。

一つの条件を除いてだ。それは、ここには書けない。私だけの秘密だ。

腕が赤く腫れる

私は安堵感からか眠気が来た。

だがお風呂に入っていなかったため、先に入ってしまおうと思い、服を脱ぎ、お風呂に入り、頭を洗い、身体を洗おうとした時、私の腕の内側が赤く腫れ上がっていることに気がついた。

よく見るとタイヤの跡がついていた。

「かゆい…、痛い…！」

なんだこの感覚はと思っていると、あの男のことを思い出した。

あの時見えたもの。それは、その男性が現世でどう生き、どう死んだかだ。

いいいいいいいいいいいい私は霊体を見ると、その人の現世での姿までが見えてしまう。

その男は幼少期から何かの病気を患っており、ずっと縛り付けられて生活していた。そしてようやく自分がしたいことができるようになり、人生を楽しみ始めた時に、この世から去ることになってしまった。

失血死した人？

その男性の死因は事故による失血死だった。

その時に腕がちぎれてしまい、意識が朦朧とし、絶命したのだろう。

そう考えると、私の腕に出てきたタイヤの跡のようなアザはその時男性が感じたもの。

帰ってきた時の朦朧とした意識は、あの男性が感じていたものではないか。

普段から運動はしているので、それほど遠くない距離で自転車を漕いでも、意識が飛びそうなほどしんどくはならないはずだ。

私は結界をくぐり抜ける一つの方法を見逃していたことに気付いた。

帰る時、身体が重たくなっている時点で、あの男に取り憑かれていたのだ。

つまり霊は結界をくぐり抜けることはできないが、肉体に憑いて入っていればくぐり抜けることができるのだ。

車にひかれる夢

その後、私はしばらく夢を見るようになった。

自分は歩いていて、信号無視をした車にひかれる。

そして「大丈夫ですか?」と聞こえた時に、上から私を笑顔でのぞき込む男性の姿だ。

その男性は笑顔で

「生きてますか?」

とにやにやしながら言ってくる。

これは恐怖のほかなにもない。

彼は未だに他人の腕を狙っているのだろうか?

それとも命を狙っているのか。

そして「憎しみ」の感情が彼をうごかしているのか。

皆さんもくれぐれも悪い霊にはお気をつけください。

コテージの怪しい足跡

長い髪の毛の束

その年は梅雨が長引き、例年行っていたキャンプにも行けなかった。ようやく梅雨も収まり天気になってきた頃、いつものメンバー光一（自分）、登、和子、里美（すべて仮称です）の四人で二泊三日のキャンプに出かけました。

いつも行っているキャンプ場は人でいっぱいだったので、人の少ないキャンプ場を登が見つけてそこに行くことにしました。

当日、キャンプ場に向かう車内では楽しく盛り上がっていました。キャンプ場に着くと、前日に降った雨のせいで地面はぬかるんでいて、ぐちゃぐちゃしていました。

　すると里美が
「今年はテントじゃなくてコテージ借りようよ！」

と言い出し、実際にテントを張るのも面倒なので、コテージを借りることにしました。

　コテージの前で、バーベキューをしてお酒を飲んで大変盛り上がり、楽しんでいましたが、雨が降ってきたのでコテージの中に入りました。

　ザーザーと強く降ってきた雨。里美が
「やっぱりコテージにして正解だったでしょ」

と鼻高々でした。お酒も進み、みんなが酔い始めた頃、僕は外を歩く足音に気がつきました。

「誰か外、歩いてない？」

と聞いても、みんなは
「聞こえない。気のせいでしょ」

と最近の愚痴などを話して盛り上がっていました。

しばらくすると、和子がお風呂に入ると言い出し、準備を始めました。

突然、お風呂場から「きゃー！」という悲鳴。

慌ててお風呂場に行きましたが、里美に「男子はここまで」と止められ、里美だけお風呂場に入りました。

少し待ってから「男子も入ってきて」と里美に呼ばれたので入ると、里美の手には長い髪の毛の束が。

「何だよそれ！　気持ち悪いな」

と、登は叫びました。

足跡

里美は「排水溝に詰まっていた」と答えました。

自分たちの前に借りた人のじゃない？　とか色々考えてみましたが、どう考えても不思議でした。

登は「ここ幽霊でも出るんじゃないの？」と何故か、はしゃいでいて壁に掛けてある絵の裏を見たり、ベッドの下を見たりしていました。

髪の毛を見てから酔いも覚めてしまい、我々はそれぞれ寝ることにしました。


次の日の朝、晴れていて昨日の足音が気になり一人で外に出てみると、コテージの前にはたくさんの足跡がありました。僕はビックリして登を起こして事情を説明したのですが、登は
「昨日の俺たちの靴跡だろ」

と、言いながらも足跡を確認しはじめました。

すると「なんだよ、これ！」と登は絶句しました。

なぜなら足跡には、靴を履いている形跡がなく、文字通り素足の足跡だったからです。

そして前日の夜は雨だったので僕たちの靴跡は消えていて、その素足の足跡だけがくっきりと残っていました。

登は「足跡を追いかけようよ！」と言い出したので、二人で追跡することになりました。

「これ一人分かな？　複数かな？」

と話しながら、足跡を辿っていくと、ぐるりとコテージを回っただけで、他に足跡は一つもないんです。

僕は登と顔を見合わせて、お互い思ったことを言うことにしました。

（外からやって来た足跡も帰った足跡もない）

（足跡はたぶん一人分、足跡の大きさ、形状から女性のものか、子供のもの）

二人の感想はこうでした。

せっかくのキャンプがこれ以上、台無しにならないように登と二人で足跡は水を撒いて消しました。そして、バーベキューの準備をして二日目を楽しむことにしました。

ミミズバレ

ところが、里美が起きていて、手を冷やしています。

「どうしたの？」と聞くと「見てよ、これ」と里美が自分の手を見せました。手はミミズバレ状に腫れあがり、パンパンでした。あまりのことに、僕たちは言葉をかけることが出来ませんでした。

和子は「ごめん」と呟きました。

たぶん昨夜のことがあったから謝ったのだと思います。しかし里美は「気にしない気にしない！」と元気に振舞ってくれて、雰囲気はそれほど悪くならず、準備していたバーベキューをみんなで食べて、近くの観光地を周り、楽しくコテージに帰って来ました。

夜になり、またお酒を飲み、はしゃいでいると、里美が「体調悪いから先に寝るね」と部屋に行きました。

すると登が、

「里美の手って髪の毛掴んでいた方だったよね。しかもミミズバレって…」

と言い出しました。僕たちは「やめろっ！」と注意したのですが、その時に外からまたあの「タタッ、タッタタ」と足音が聞こえてきました。

ベランダの窓に人影

僕たち三人は、お互いの顔を見合わせながらベランダの窓に目を向けました。すると一瞬ですが、人の影が通って行きました。

僕らは叫びたい気持ちを押し殺し、何故かソファーの陰に隠れました。僕らはさっきの影を「見た？　見た？」とお互い確認しながら恐怖に押しつぶされそうでした。

でも登が「里美じゃない？　俺達を驚かそうとして」と言い出したので、里美の部屋を見に行きました。するとそこには里美の姿がなかったのです。

「やっぱりな」

と、鼻高々な登。

外にいるのは里美だと分かれば怖くないと、みんなで外に出て

「里美、遊びはここまで。本当に怖かったんだから」

と和子が呼び掛けました。でも、里美の返事はありません。しかし足音は近づいてきます。

和子は呼び続けます。

「本当にやめて、やりすぎだから！」

と、語尾は強くなり、足音も近づいてきます。

すると登が「中に入るぞ‼」と僕らを無理やりコテージに押し込みました。

僕は「なんだよ！」と聞くと

「人が居ないのに足跡が出来ている。足音はしているのに人が居ないんだよ！」

と言い出しました。和子は「でも里美のイタズラなんでしょ？」と聞かれても、何とも答えられなかった。

「里美はどこかに隠れているのかも」

と、コテージの中を探しましたが、見つかりません。

僕と登でコテージの備え付けの懐中電灯を持って、外に里美を探しに行くことにしました。和子は一人になるのは怖いと言っていましたが、里美が戻ってきた時に困るからと残ることにしました。

許さない！

外に出ると、そこはやはり足跡だらけです。足跡を追いかけてみました。すると朝とは違い、一つだけ道をそれる足跡がありました。それを追いかけました。すると、コテージの下の所に出て、そこに里美がうずくまっていました。里美をコテージまで運び、話を聞こうとしましたが、意識が戻らず、救急車を呼ぼうか迷いました。でも目立ったケガもないので、とりあえずベッドに寝かせて休ませました。

和子は

「信じられない！　人に迷惑ばかりかけて」

とかなり怒っていたのですが、僕たちは何とか和子をなだめていました。すると里美が部屋から出て来て「何、怒っているの？」と言い出しました。その言葉に僕らは呆気にとられました。

里美に、何があったかを説明しましたが、彼女には外を歩いた記憶もなく、ずっと寝ていたというのです。

しかし里美は夢を見た、と話しはじめました。

その夢は、女の人がコテージをぐるぐる回り、「許さない！　許さない！」と呟きながら歩いていたというのです。

藁人形

僕達は里美の話を信じました。なぜなら外ではまだ足音がするからです。ベランダを通り過ぎる人影や、静かにしていたら呟くような声が聞こえてきます。得体のしれない何かが怖くて、僕たちは四人でかたまって、夜を明かしました。

早朝、急いで帰る準備をしてコテージを後にしましたが、

「里美を見つけた所をどうしても見てみたい」

と、和子も里美も言うので、気乗りはしなかったのですが、しぶしぶその場

所に行ってみると、そこには鳥居のように組まれた足場があり、その上に我々が宿泊したコテージが建っていました。

そして、その鳥居のような足場にはびっしりと藁人形が打ち込まれていて、中には顔写真が付いたものやフルネームを貼られているものもあり、とても恐ろしく禍々《まがまが》しい場所でした。

和子は記念にと、写真を数枚撮っていました。

そんな恐怖体験をしたキャンプ場を、帰宅してから少し調べたら、周りにはいわゆる心霊スポットがありました。飛び込み自殺の多いダムと、大昔に川の氾濫で死者が多く出た村があり、しっかりと調べればキリがないくらいありそうで、それらの多くの場所が、川で（僕らが泊まった）キャンプ場に繋がっていました。

あの鳥居のような足場も川の氾濫で崩れた所らしいです。

藁人形に関しては、いくら探しても情報は出てきませんでした。ただ、あの足場が出来たのは半年足らず前のことらしいので、ここで何か変事があったのではないかと思われます。

物凄い恨みの念を感じたからです。やがて分かる日が来るかもしれません。

結末

最後になぜ僕がここまで調べたか、理由は和子と里美が相次いで死んでしまったからです。和子は突然の心臓発作でした。里美は飛び降り自殺でした。

和子は、亡くなる前に僕に、藁人形の所で撮った写真を送ってきていました。その写真の中の和子と里美は、顔が黒く塗りつぶされており、霊魂を吸い取られたような心霊写真そのものでした。でも、女の子がどうしてそんな写真を送ってきたりしたのでしょうか？

その理由は、写真を「拡大して」分かりました。

詳細にその写真を拡大して見たら、「文字」が見えてきました。藁人形の中に、〇〇和子と◆◆里美の名前がありました。昔、藁人形に名前をつけて怨念をこめたという話を聞きますが、二人の名前はわりとよくある名前なのです。まさかとは思います。同姓同名ということもあるのだと思うのですが、ビックリしたことではあります。

誰かに恨まれていたのでしょうか？

真相は分かりませんが、これ以上の深追いは止めておきます。

もう、疲れました。

登とは里美の葬式以来、連絡を取っていません。

引き寄せの法則

お寺で、夜の警備

これは私が警備会社に勤めていた時に体験した話です。

私は、二児の母です。世の中には割のいい仕事があまりないと思います。私がようやく就いた仕事は警備会社でした。メインが夜勤で、オフィスビルや商業施設、お寺等を夜間警備するのが仕事でした。

契約先の某寺院での夜勤は、境内にある門やお地蔵様、重要文化財、資料館、納骨堂、墓地を巡回するものです。夜の仕事は不思議なことも多々ありました。肝試しのような怖いこともある仕事でした。

深夜一二時を過ぎたころ、「不思議」はよく起こりました。

明かりは、本堂の正面を照らす電球と、売店の近くに少しだけ街灯があるのみで、辺りは吸い込まれそうな漆黒の闇です。雨風が吹かない限り、静かな境内はとても不気味です。そんな中を懐中電灯を頼りに巡回していたある日のこと。

白い着物姿の女性

参道の土産物店の前をいつものように歩いていると、視界の端に何やら白いものが入ってきました。とっさに視線を送ると、土産物店のガラスに反射して自分の姿と、すぐ後ろに白い着物姿の女性がニヤッとこっちを見て笑っていました。一瞬で腰が抜けそうになり、すぐ自分の後ろを確認しましたが、誰もいません。

もう一度、恐る恐る土産物店のガラスを確認しましたが、先ほど見た白い着物姿の女性はいませんでした。私は霊感はありませんが、幽霊を見たのは初めてで、今思い出してもゾッとします。

怖い霊体験

また別の日のこと。

その日はお盆期間中ということもあり、すごく嫌な感じがしていました。巡回で墓地に差しかかった時、中に何かがいるような気配（物音）を感じました。墓地の中頃まで来たところで急にお線香の香りが…。時計を見ると深夜一時、こんな時間にお墓参り？　さすがに注意せねばと思い、捜していくと、墓地の奥から話し声が聞こえてきたのです。声のするほうに向かいます。しかし近くまで来ましたが、誰もいません。

墓地の案内石碑の後ろを探した時に私は、その話し声が近くの墓石から出ていることに気づきました。

怖くなり小走りで帰る途中、自分の後ろから数人の男女の笑い声がずーっとついてくるのが分かり、振返らないで走って逃げ帰りました。

史料館の幽霊

この寺院の中には、先輩社員の間でも幽霊がでると噂の場所があります。

それは、境内の最奥にある史料館です。古来からのお寺の信仰を物語る資料や木彫りの像などが多数展示してある史料館で、どういった由来か分かりませんが、二階には戦争で亡くなられた方々の霊、数百万の魂を見守って下さる仏様が鎮座していらっしゃいました。

この寺院を知るうえで大切な史料館なんです。

深夜、館内は真っ暗で非常口の誘導灯だけが不気味についています。誰もいない館内はシーンと静まり返っていて、自分の足音だけが響き渡ります。

この場所を巡回していると、遠くのほうから呻き声が聞こえたり、「ミシッ」や「パキッ」のようなラップ音?　が聞こえてきます。聞こえる度に驚かされていました。

「そんな怖い仕事なら、やめてしまえば」

よく、そう言われました。でも、自分一人なら、いつでもやめるのですが、夫が急に家から失踪して、幼な子を養わなければならない私には、他の仕事が急には見つからなかったんです。

それで、毎日、恐怖に耐えながら巡回をしていました。

ラップ音？

ある日のこと、自分の後ろから「バチッ」や「ギシッ」とラップ音が鳴っていて嫌だなと思っていると、下駄で歩くような音が「カラン、コロン」と自分の方へ向かって来たこともありました。恐怖のあまり膝が震え、腰が抜けそうになり寺務所まで駆け戻ったこともあります。

怖い納骨堂

この寺院にはもう一ついわくつきの施設がありました。

少しばかり山を登ります。灯り一つない山道を進むと、山の斜面のお墓やお地蔵様の横を通り過ぎた先に、立派な西洋風な作りの納骨堂が姿を現します。この納骨堂も幽霊がでると噂されており、実際に霊感のある先輩は堂内に入っただけで具合が悪くなり、それ以来、納骨堂に近づくこともできないほどです。

深夜二時過ぎの決まった時間になると、機械警備システムが侵入者を感知してアラームが鳴ります。その度に巡回に行きますが、一度も侵入者に遭遇したことはありません。誤報として処理されますが、一体何がセンサーに引っかかるのか？　奇妙な現象は毎日おこります。

堂内はとても綺麗ですが、深夜の暗闇の中は不気味でしかありません。

堂内は天井がとても高く、いつも上が気になります。

天井に黒い女の姿が

先輩警備員の中には、霊に全く不感症な人がいます。

「一体何をそんなに怖がるの？」

私には信じられないことですけど。そんな人っているんでしょうね？

それと、霊が全く怖くない猛者がいます。やはり女性ですが、彼女はK子さんといって霊感のある人です。

「霊は怖くない」と日頃から言っています。

「実は、生身の人間の方がずっと怖い」とも。K子さんの存在が、この仕事の支えになりました。これまで頑張れたのは、彼女のお陰です。

彼女は、納骨堂には天井に黒い女の霊が、いつも睨んでいるのだと言っていました。

堂内を順路に従えば、やがて納骨室につきます。約五千基のお墓として祀られております。

その日は、先輩警備員が非番の日で、私は別の男性と組んで仕事をしていました。

この納骨室を巡回していると、苦しそうな呻き声や遠くの方でラップ音といった霊現象がいつもおこりました。

音に敏感になっていると、どこか遠くのほうから男性の声がずーっと長いこと聞こえてきたので、なんだろうと思い、聞き耳を立ててみると「お経」でした。

後ろ向きの住職？

住職？

こんな時間にどうしたんだろう？　と思い、お経の聞こえる方へ行くことにしました。すると電気もつけずに真っ暗な供養場にいる住職を見つけました。なぜか住職は後ろ向きです。

私は声をかけようとしたとき異変に気づきました、そこにいた住職は袈裟を身にまとっていましたが、首から上がありませんでした。背筋が凍りました。もう私の人生終わりかなと思いました。

あれは何だったのか？　あの後、どうやって逃げたか記憶がありません。私が経験した最恐の心霊体験でした。

また、別の日がやってきました。

もう、やめる覚悟は出来ていましたが、生活費のこと、退職の手続きのため、もう一日行くことにしました。

その日は、納骨堂の地下の倉庫を巡回することになりました。

最悪です。納骨堂には天井に黒い女の霊がいるらしい。

もう、やめるのだから、さぼろうかとも思ったのですが、後輩のために真面目に仕事を終わらせたかったので、巡回に行くことにしました。

納骨堂の地下は、どんよりとした湿気で息苦しさを感じます。

暗闇の中、視界の端に白いものが動くのを見ました。ですが、すぐ確認しても何も見えず、なんだ気のせいかと思い前を向いた時、またも視界の端に白いものが…。先ほどよりも近かったので、それがヒト型の白いものであることに気づきました。とっさのことでしたが見てはいけないと思い、真っ直ぐ下だけを見つめて急ぎ足に歩くと、白いものも視界の端に入ってついてきました。

しばらくの間、視界の中に出入りを繰り返しついてくるので、私は声に出し

て
「私には何もできません、南無阿弥陀仏」
と何度かつぶやくと、白いものは視界からスーっといなくなりました。

扉の内側から…!

私は助かったと思い、すぐに地下室を出て扉を施錠していると、扉の反対側から「ドン、ドン、ドン」と扉を叩かれました。間一髪で鍵をかけると、ドアノブを「ガチャ、ガチャ」激しく回したり、叩いたりを繰り返し、しばらくするといなくなりました。

どうして、私にこんなことが起こるのでしょうか?

何か、私が悪いことでもしたのでしょうか?

ただ、与えられた仕事をしているだけなのに、どうしてこんなに怖い目に遭わなくてはならないのか、誰か教えて下さい。教えて下さい。

霊はかわいそう

退職の願いを会社に提出に行きました。ちょうどそこに、あの頼りになる先輩K子さんがいました。そこで思い切って聞いてみました。

「あなたは怖くないんですか?」「どうして、私にだけこんな怖いことが起こるのですか」

先輩は、お茶に誘ってくれました。そして、あなただけに打ち明けるから、他の人には言わないでとクギをさされました。

「私は、小さい頃から霊体験があったのよ。お婆ちゃんが臨死体験して、あの世のことをくわしく教えてくれた。とってもいい世界みたいだわ。

ただね、この世に恨みや未練を残す霊もいるようね。そんな霊はかわいそう。実は自分が死んだことを知らないでいるのよ。地上に未練を残している霊は、幽霊みたいで、怖いと思うかもしれないけれど、ほんとはね、かわいそうな霊なの。

だからね、その霊に対して、幸せになってねと供養してあげることが大事なのよ。あなたが、怖い体験をするのは、あなたに霊を引き寄せる力があるからなの」

「エッ、どういうこと？」

「あなたにはね、他の人にはない力があるの。あなたにすがりたくて、来ているのかもしれないわね」

「そんなのイヤです」

引き寄せの法則

「でもね、この世界は波長同通の世界なのよ。仏教が教える縁起の理法は、波長同通の法則ともいわれるのよ。似た者同士の世界というわけよ。

優しい人には、優しい人がお似合い。悪を正す正義の人には、正義感のある人が友人になる。逆も、またある。恐怖には恐怖が、憎悪には憎悪が引き寄せられる。だから、怖いもの見たさになったりしていなかったかしら？」

霊は怖くないと思うK子さんには、悪意を向けた霊がくることはあっても、怖い霊はいないという。「いつも、明るく、前向きな気持ちで生きよう、正直者であろう」としている人には、霊は悪さを出来ないようになっているらしい。

恐怖体験から立ち直りたかったら、「いつも、明るく、前向きな気持ち」をこころがけてね、とK子さんは、私に「こんな簡単なこと、できるでしょ？」と言いました。

「いつも、明るく、前向きな気持ち」。これが、恐怖心を消す最高の名言と思って、心がければ、あなたは本当の力に気がつくようになるわ」とも。

私は、やはり退職することにしました。K子さんからアドバイスされたハウスクリーニングの仕事に就くことになり、やっと、一息ついているところです。

警備夜勤での恐怖体験

百貨店での夜勤

これは私が一〇年前、警備会社に勤めていた時に体験したことです。

高卒の新入社員として、警備の仕事をやり始めて、何日かたってからのことです。

契約先の某百貨店での夜勤中、時刻も深夜一二時を回った誰もいない静かなフロアーを一人で巡回する、結構怖い仕事でした。もちろん店内の照明などは消されており、防犯上の理由で点灯が禁止されていました。唯一、店内の非常口の誘導灯だけが不気味に点灯していました。

静かなフロアーを革靴で歩くため、

「カツッ、カツッ」

と、足音だけが響き渡るのがさらに不気味で恐怖心をあおります。

そんなデパートの中で、先輩社員の間でも幽霊が出ると噂の子供服・玩具売り場を巡回中のことです。

キャップが飛んでいく

いつもと同じように巡回をこなし、玩具売り場に差し掛かった時、微かに何かが聞こえることに気づき、足を止めて耳を澄ましてみると…

「おぎゃーあ　おぎゃーあ」とまるで赤ん坊が泣いているような声だったのです。

とても気味が悪くなりつつも赤ん坊を探しましたが、いるはずもなく、いつの間にか泣き声も聞こえなくなっていました。

外に猫がいたのかとも思いましたが、フロアーの階数を考えると現実的ではありません。怖くなり、あとで先輩社員に相談してみると、その先輩も全く同じ体験をしたとのこと！　赤ん坊の幽霊がいるんじゃないかってことで納得しました。

この体験からしばらくは何事もなく過ぎていき、記憶からも薄れ始めたころ、いつもと同じように巡回で玩具売場に差し掛かった時のこと、かぶっていた警備キャップが「ぽーん」と自分の後ろに飛ばされていきました。

んん？？　何が起きた？　って感じでした。警備キャップのツバを持ち上げて後ろに投げられるようなイメージで飛んでいきました。

もちろん誰もいるはずもなく、密閉空間なので風が吹いたわけでもありません。完全に幽霊に遊ばれました。

本当に怖くて、今思い返しても恐怖で体が震えます。

玩具売り場で

この体験を皮切りに、玩具売り場での不思議な体験が続きました。

別の日に行くと、オモチャの電源が急に入り、歌ったり踊ったりするオモチャもいました。センサー式で反応してるわけでもなく、勝手に電源が入るのです。

また別の日に行くと、今度は女の子の声で「だあーれー？」とはっきりとした声で自分の頭の真上から話しかけられました。

さすがに色々あったので、気の許せる先輩に相談したところ、一緒に玩具売り場を見に来てくれました。ですが、二人で巡回している時もオモチャが動きだしビビッていたところ、突然、女の子の声で「出てって」と少し怒り気味の声で聞こえました。

この声は先輩にも聞こえており、驚いた表情で何が起きたって？という感じで、二人で立ち尽くしてしまいました。その先輩は当時、勤続五年でしたが、こんな体験は初めてだったそうです。

霊感のある後輩社員

それから数年がたち、入社した後輩社員の中に霊感のある人がいました。その後輩に聞いた話では、玩具売り場にはたびたび子供の幽霊が遊んでいるとのことで、いたずらはするが、悪い幽霊ではないとのことです。ほっと一安心しました。

ですが、霊感のない私からすると、怪現象が多いのでとても心臓に悪かったですし、悪い霊じゃないと分かってても怖いものは怖かったです。

いわくつきのフロアー

しかし、このデパートにはもう一つ、いわくつきのフロアーがありました。それは本館ではなく別館で、当時そのフロアーは雑貨屋さんや某人気キャラクターの専門ショップ、フラワーショップ、スポーツショップが立ち並ぶ多ジャンルな場所でした。

私自身も、営業中のこのフロアーがとても好きで、よく買い物をしていました。しかし、そんなフロアーも夜になると、照明も消えて、非常口の誘導灯のみの灯りでシーンと静まり返っています。ながーーい一直線の廊下の周りは雑貨物やキャラクターの人形などが並んでおり、かなり不気味な雰囲気。

そしてその廊下を通る時は、絶対に後ろを振り返ってはいけないと長く勤める先輩に言われておりました。なんでも振り返るとついて来るとか？ 見えてしまうとか？ 昔いた警備員の中には霊感のある人たちもいて、口をそろえて何かいる、青い男が正座したまま後をついてくる、と言っていたそうで、そんな怖ろしい噂が残っていました。

それと店舗の中にずーっと施錠されたままの開かずの間があり、その中でデパートの従業員が首吊り自殺をしていたという噂もありました。

あくまで噂レベルの話で霊感のない私には何も感じることはなく、都市伝説くらいな認識でいました（玩具売り場の時のような明らかな心霊体験がなかったので）。

ただならぬ嫌な気配

話が長くなりましたが、入社した霊感のある後輩社員のインターン研修で、二人で巡回をしていた時のことです。

別館の巡回も順調にこなして特に変わった様子もなく進んでいましたが、このいわくつきのフロアーに足を踏み入れた途端に後輩の様子がおかしくなったのです。

辺りをキョロキョロ気にしだし、ちょっと様子がおかしいと思いつつも巡回を進めて、なが――い一直線の廊下に差し掛かったところで、後輩は急に早足になり、後ろを気にしだすしぐさをしていました。

なが――い廊下も終わろうとした時のことです、霊感のある後輩が私の名前を呼んで

「先輩、もうヤバいです、早くここ出ましょう」

と言い、ただ事でない様子だったので警告に従い、いわくつきのフロアーを後にしました。

後日何があったか恐る恐る聞いてみました。すると、いわくつきフロアーに入ってすぐ、ただならぬ気配や視線を感じていたそうです、ながーーい一直線の廊下もずーっと嫌な気配がついてきていたそうです。

そして、廊下の真ん中辺りから「それ」が姿を現したそうで、黒っぽい色の年配の男性で、正座をしたままピッタリ後ろについてきていたそうです。かなりネガティブな霊で、後輩に対してちょっかいを出したり、何かを恨んでいると話してきたそうです。

霊の通り道

このながーーい一直線の廊下は霊の通り道（霊道）になっており、他にも無数の霊がいたというのです。廊下の終わりになると無数の霊たちが集まりだし、黒っぽい霊も私たちに危害を加えようとしてきたので危険を感じて、この場を出ようと申し出たのだそうです。

この話を聞いて、黒ではなく青と聞いていて、色は違うが噂で聞いていた正座の男性の霊とは一致していたので鳥肌が立ちました。もしかすると開かずの間で自殺をした噂と関係があるかもと考えたら、恐怖から、しばらくいわくつきフロアーに巡回に行くことがとても嫌でした。

そんなある日、いきさつは忘れましたが、霊感のある後輩と私の二人でまた、いわくつきフロアーへ巡回へ行くことがありました。

その日はフロアーに入って後輩とは左右に分かれて、長い一直線の廊下の中間で落ち合う約束で別れました。一人での巡回中は何事もなく過ぎていき、順調に中間地点が見えた時にはすでに後輩は待っていました。

ですが、声が聞こえてきます、聞き耳を立ててみると誰かと話しているような口調で後輩の声でした。独り言？　とか思いながら「お待たせー」と私は声を掛けてみました。

すると後輩は振り向きざまに「そっち、行きました！　危なーい！」と言ったとたん私の耳元でファーと風が吹くような感じがしました。最初はヤバいと思いましたが、特に危害を加えられたわけでもなく無事でした。

「どうした？　何かあった？」と後輩に尋ねてみると、前に言っていた、黒っぽい男性の霊が人に危害を加えたい旨を話してきたそうで、後輩はそれをやめろと注意していたらしいです。その時私が声を掛け、男性の霊は私に向かって突進して通り過ぎていったのだそうです。

デパートという密閉空間でファーと風を感じたのは初めてでした、今でも思い出すとゾッとします。それから数カ月後、私は体を壊してしまい退職しました。

これが私の恐怖体験です。

向かい鏡

霊的な人

私（美嘉）と真由美は中学からの友達。高校、大学と同じ学校に通っている。明るい性格の彼女だが、一つだけ私の中でも信じられないくらい、奇妙な体質をもっていた。

霊感が強く、霊的なものが見えたりするらしい。ひどい時には、肩が重くなって痛い。頭痛や悪寒を頻繁に感じることがあるようで、家から一歩も出られなくなってしまったことが二週間ほど続いたこともある。

その時の理由を真由美はこう話してくれた。

「庭の木の上から、こっちをずっと睨んでいる男の人がいて、家から外に出たら絶対殺される…」と思い、怖くて外に出られず家に引きこもっていたという。

心配した真由美の母親が霊能者の方に相談し、家まで来てもらい、お祓いをしてもらったら「木の上の男」はいなくなり、真由美は普段の生活に戻れたそうだ。本人曰く、普段の生活の中で学校や通学路、友達の家、図書館などで霊を感じることが頻繁にあると言う。

それでも気にしないようにしている、と言っていた。

カラオケに行く

私と真由美が大学二年生の時、高校時代の男友達二人（健二、勇貴）と四人で遊びに行くことになった。

ドライブをした後、話が盛り上がった。

運転手の健二くんが勢いで「カラオケ行こうや！」と提案してきた。

助手席に座っていた勇貴くんもノリノリで「おぉ、行こうよ！」

私たちも同意し、カラオケ店に向かうこととなった。

のちに、あんな体験をするとはこの時は思いもせず……。

繁華街のはずれにあるカラオケボックスに行くことになり、私たち四人は近くのコインパーキングに車を止めて、お店に歩いて向かった。

お店の前に到着し、健二くんと勇貴くんは先に受付のために中へ入っていった。

勇貴「この部屋、壁や天井が鏡張りで、すげー」

部屋の中は薄暗く、淡い紫色の照明が真ん中に設置してある白いテーブルを照らしていた。

長方形の紙

健二「お！　ミラーボールがあるじゃん！　でも動かない、こわれてるのか？」

天井に設置されている直径三〇センチほどの大きさのミラーボール。

勇貴は叩いたら動き出すと思い、少し強めに叩いた。

「バン、バン…」

健二「あぁー、やってしまったぁ…」

ミラーボールが付け根から外れてしまった。何とか元に戻そうと天井のミラーボールが付いていた部分を見ていたら、何やら長方形の紙が張り付いていた。

健二は気になってその紙を外してしまった。

健二「これって…」

勇貴は健二の手に持っている紙を見た。

勇貴「それ、お札じゃないか？　ほら、何か文字が書いてあるし。お前、勝手に剥がしたのか？」

健二は頷く。

勇貴「やばそうだから、早く元に戻しとけよ！」

健二は、慌ててお札が貼ってあった元の場所にお札を貼り付けた。

ミラーボールは根本のビスが折れてしまって元には戻すことができず、ひとまず端の方に置いておくことにした。

健二「後で、お店の人に謝らないとなぁ…」

　健二と勇貴が話している頃、私たちも入ろうと入り口付近にさしかかった時、
真由実「私、入りたくない…」

私「えっ？　今更なんで？　二人に申し訳ないよ」

真由実「……」

私「いいから、行くよ！」

　と私は真由実の腕をつかみ、引っ張って行った。

　健二くんと勇貴くんは、受付を済ませ部屋に先に入り、私たちも部屋へ向かった。部屋に着くや否や、真由実は少し体が震えていて、下を向いたまま一向に顔を上げようとはしない。

　そんな真由実を座らせ、私たちは飲み物を頼んだりしてカラオケを始めた。

　三〇分くらいたった頃、真由実は下を向いて震えながら何かに怯えている様子だ。

　さすがに心配になった私たちは真由実に声をかけた。

私「真由実……大丈夫？　どうしたの？」
真由美「もう出よう、ここやばいよ」
私「何が？」
真由美「いや……、言いたくない。知らない方がいい」
そう言うと真由実は黙り込んだ。
健二くんが声をかける。
健二「どうしたんだよっ!?　何かあるなら言ってみろよ」
そこで真由実も、仕方がないなという感じで、話し始めた。

無数の手が？

真由美「無数の腕が天井からぶら下がってるよ……。そして、誰かが真上にいてずっとこっちを睨んでいる」
私「えっ、なに……」
私たちが上を見上げようとすると、

真由美「見たらだめーーっ」

と、叫んだ。

健二「実は俺も、誰かからずっと見られているような気がしてたんだ。鏡張りだから、そう感じているだけかと思っていたけど……」

私たちは、ようやく真由美の意見を飲み込んだ。

私「真由美、帰ろうか……、二人もいいよね？」

健二と勇貴も同意した。

その矢先だった。

「ぎゃぁぁあああーーーー」

健二が叫び出し、部屋から飛び出して行った。

それに驚き、私たちも急いで部屋を飛び出した。

外へでて車に乗った私たち。

車の運転席でガタガタ震えながら怯えている健二。

勇貴「おい、健二、どうしたんだよ、なあ」

健二「やばいよ、まじで…！」
勇貴「何がだよ？」
健二「さっきの部屋だよ」
勇貴「え、どういうこと？」

天井を見てしまった

健二「俺、天井を見てしまった……」

真由美「だから見ないでって言ったじゃない！」

　真由美が泣きながら言った。

　勇貴が健二に何を見たのかを問いただす。

　すると、健二はこう言った。

「鏡張りの天井に、黒髪で顔が真っ青な女の人がへばりついていて、こっちをじーっと睨んでいた」

　それを聞いた私たちは言葉を失い、その日は解散することにした。

私と真由美は先に送ってもらい、それぞれの家に戻った。

それから二日後…

「ブー、ブブー、ブー、ブブー」

勇貴からの着信だった。

私「はい」

勇貴「もしもし、美嘉ちゃん……」

声が震えていた。

私「うん、どうしたの……?」

勇貴「実は、この前のカラオケの帰り、健二に送ってもらった後、健二が一人で車を運転して帰る途中で、単独事故を起こしたんだ。あいつ今、意識不明の重体なんだ……」

私は言葉を失った。

勇貴「俺と美嘉ちゃんは霊感とかないし、何も見てないから大丈夫かもしれないけど、真由美ちゃんはあんなに怯えていたから大丈夫かな……」

私「うん、真由美に連絡してみるね。勇貴くんは大丈夫？」
勇貴「まぁね。ただ怖くてたまらない、かなぁ……」
私「そうだね、私も……」
勇貴「うん、じゃあ、また。プチっ」

霊道を開く向かい鏡

私が真由実に連絡したところ、真由実はあれから二日間、家にとじこもっていたとのこと。そして二週間が経った……。

私と真由実、勇貴くんの三人は、以前、真由美がお祓いをしてもらった霊能者の方にお祓いをしてもらった。

私と勇貴くんは何事もなくお祓いを終えたが、真由実は途中意識を失ったり、泣き喚いたり罵声を吐いたり……と、今でも夢に見るほど。あんなに恐ろしい姿の真由実を見たのは初めてで、私と勇貴くんには一生忘れることのない強烈な記憶となった。

真由実は、お祓いの最中のことは全く覚えていないと言う。

健二くんは意識不明のまま、いまだに目を覚まさず病院で眠っている。

時折、激しくうなされているらしい…。

あのカラオケボックス、二階のある部屋で以前女性が首を絞められ、殺される事件があったと後から知った。私たちはその部屋の真下の一階の部屋を利用していたため、真上の天井にお札が貼ってあったことにも納得ができた。

それを誤って剥がしてしまった健二くん……。実は地元では女の人の霊が出るなど噂されていたらしく、利用した人のほとんどがもう次は二度と利用しないカラオケ店だった。

あの部屋は、中が向かい鏡になっていた。

建物が消えれば、怨念も消えるのか？

向かい鏡は霊道を作ってしまうと聞いたことがある。

このことがあって、しばらくしてから、この店の地域で区画整理があり、お店は取り壊され、道路が作られている。違う場所に移転したらしい。
建物が消えれば、人の怨念も消えてしまうのだろうか？
どうなんだろう？
そう簡単ではないと私は思う。あんなことがあったのだから……。
天井や壁が鏡張りのカラオケボックス。
あなたの街にもあるかもしれない……。
カラオケボックスに限らず、お札が貼ってある場所は全国各地にあるのだ。

お札の貼ってある意味……？
どうか、どうか、あなたも気をつけて欲しい。

犬鳴きトンネル

心霊スポット

福岡の人はみんな知っているであろう、犬鳴き旧トンネル。心霊スポットとして有名で人気が高い場所だ。

行った人はだいたいこう言う。

「二度と行きたくない」

そんな犬鳴きトンネルへ、数年前、仲間と行った時の体験だ。

いつものように私たち五人（村上、山崎、横田、西島、私）は溜まり場にしている公園に集まった。

今からどうする？　なんて話をしていると、車持ちの村上が、

「とりあえず洗車したいから、みんな手伝えよ」

ということで、気乗りしなかったが五人で車に乗り込み、セルフスタンドへ向かった。

みんなで手分けして作業し、あっという間に真っ黒な車体は黒光りのピカピカに仕上がった。

洗車を終えた私たちは車に乗り込み、あてもなく走り出す。

「なぁ、肝試し行かない？」

と西島が提案してきた。

私と山﨑と横田は「いいねぇ！」と乗り気だが、運転している村上はあまり気が進まない様子。村上は心霊系が大の苦手だからだ。

村上「行ってもいいけど、俺は車で待っているからな」

旧トンネルに肝試し

そう言う村上をみんなで茶化しつつ、とある有名な心霊スポットに向かうこととなった。

そこは、ある峠を車で登っていく途中にあって、今は使用されていない封鎖されている旧トンネルだ。

私たちはトンネルの手前の入り口に到着した。

そこには金属製のメッシュフェンスが建てられていて、車ではその先のトンネルまで侵入できないようになっていた。

フェンス付近に人はいないが、バイクが二台と軽自動車が一台止まっている。

他にも肝試しをしに来ている人がいるようだが、人の姿はない。

私たちはフェンスの前に車を止めて車から村上以外、降りた。

西島がフェンスの扉に手をかける。するとあることに気づいた。

西島「フェンス、鍵かかってないじゃん」

そう言って西島はフェンスの扉を押し始めた。

「キィーー」
という音をたてながらフェンスが開く。
横田「よし！　これで車が入れるなぁ！」
と言い、みんな車に乗り込んだ。
村上「お前、開けなくていいのに、マジで行くのか？」
と問いかける。
村上以外の私たちは満場一致で、「行く！」と声を合わせる。
村上は「はぁぁ…」と深くため息をつきながら、おもむろに車を動かし始めた。

入り口

トンネルへとつながる道は車幅は狭く、路面はガタガタで周りは雑草が伸びっぱなしだ。ゆっくりと車を走らせる。街灯はなく真っ暗な道を車のヘッドライトだけがあたりを照らす。

すでに不気味な雰囲気が漂っていて、五人は口数が少なくなり緊張感を増していく。

しばらく車を走らせていくと、トンネルの入り口が見えた。一メートル四方の巨大なブロックが積み重なって壁になっていて、中への侵入を防いでいる。

トンネルの入り口手前に車を止めた。

横田「よし、とりあえず降りてみようぜ！」

と言い、横田が車から先に降りる。

続いて西島と山﨑も降りる。

私は、「村上はどうする？」問いかけた。

村上「俺は車で待ってる、絶対に行かない」

と頑なに拒むので、村上を車に残して私も車から降りた。

一人で車で待っている方も怖くないのかと疑問になったが、本人がそうしたいのであれば仕方がない。

私たちはトンネルの入り口前に集まった。

トンネル奥から聞こえる女の声

トンネルの中はどうなっているのか当然気になっていたら、西島がブロックをよじ登りはじめた。積み重なっている巨大なブロックは、完全にトンネルをふさいでおらず、上からトンネルの中へ入れることに私たちは気づいた。

西島がブロックのてっぺんまで登り、トンネルの中を見た。

西島「真っ暗であまり見えないなぁ」

私たちも西島に続いてブロックをよじ登って中を見渡した。

そしてあることに気づく。

トンネルの奥の方から、二～三人ほどの女の人の笑い声がかすかに聞こえてくるのだ。

私はみんなに「聞こえるよな?」

すると、みんなにも聞こえている様子で、耳を澄ませている。

横田が、皆の推測を代弁して言った。

「中に肝試ししている人たちがいるんじゃないか?」

だって、フェンスの前に車やバイクも止まってるので、中に人がいてもおかしくないだろう。

西島「俺たちも中に入ろうぜ！」

と言い、ブロックを降りていく。

トンネルの中

私たちは何の迷いもなく西島の後に続いてトンネルの中へ降りた。そしてゆっくりと歩いて行く。真っ暗で周りが見えないので携帯電話の明かりをつけ、あたりを照らした。

トンネルの中はジュースの缶や、お菓子の袋、片方しかないサンダルなどのゴミが散乱していた。壁は色々なカラーのスプレーで落書きがたくさんある。

意外に、人が侵入した形跡があったのにびっくりしながら奥へ進んでいく。

すると横田が、

「さっきの笑い声、全然近付いてこないな」

確かにそうだ。どんどん奥に進んでいるのにもかかわらず、聞こえてくる笑い声は、変わらず、かすかにしか聞こえない。もはやあまり声がしなくなっていた。

山﨑「トンネルの先は、どこかへ抜けるんじゃないのか？」

そうかもしれないと私も想像していた。

進んだ先に人がいるはずだと確信に近い状態でもいた。

それから私たちは足取り早く、奥へ奥へと進んでいく。

壁

しばらく歩くと、前方に壁があった。

行き止まりになっていたのだ！

私「……え？　行き止まり!?」

横田「しかも、誰も中にいなかったじゃんか……」

私「じゃあ、聞こえてきた笑い声は何だったんだよ……」

なんて話しているうちに私たちは恐ろしくなってきて、急いでトンネルの入り口へ引き返し始めた。

入り口のブロック塀にたどり着き、みんな急いでよじ登っていると……、

「プーープーー、プーーー、ププププーーー」

トンネルの外から、車のクラクションが激しく鳴り響いた。

ヘッドライトもチカチカ点灯している。

村上の車だ。

私たちはブロック塀の上から飛び降りて、トンネルを脱出し、走って車へ戻った。するとと村上が激しく動揺していて、

「早くここから離れよう、やばいよ、ここマジで…」

と言い、車を急発進させた。

トンネルに入った私たちもだいぶ恐ろしかったが、車に一人残っていた村上の方が気が動転し、焦っている。

手形

峠を荒い運転で降りる。途中で事故るんじゃないかと思うくらい危ない運転だった。峠を外れたあたりで落ち着いてきた頃に、村上にどうしたのか聞いた。

村上「いきなり車の後ろと、真上を誰かが、パン、パン、パンって叩いているような音がしだして…、それがどんどん激しくなってきて、俺もう、怖くて」

と説明してくれた。早くみんなに戻ってくるようにクラクションを鳴らして知らせていたのだ。

私たちは地元に戻り、車をコンビニの目の前の明るい所に停めた。

車を降りた私たちは、先ほど体験したことを話していた。

横田「マジで怖かったよなぁ……」

西島「誰もいないのに、笑い声が聞こえるし、何だったんだよ…」

山崎「うん、気持ち悪いな…」

私「村山、車のどこら辺から叩かれてる音がしたんだよ?」

村上「うーん…、ここら辺かな。うん?　何だこれ…?」

そう言うと、村上は凍りついた様子で固まった。

車のリヤガラスには無数の手形が付いていた。

車の上からも音がしていたというので見てみると、そこにも手形がついている。

その無数の手形は子供の掌ぐらいの大きさだった。

洗車をした直後だったので、手形が付いているなんてまずあり得ないことだ。

とても気色が悪くなった。

村上が気の毒になった私たちは、またセルフスタンドへ向かい、洗車をするのであった。

プール

更衣室のチェック

僕が当時、勤めていた地元のプールで起きた出来事です。

田舎の温水プールでの監視員として働いていました。町民プールなのですが小学校と同じ敷地内にあり、利用者は老人と小学生がほとんどで監視員と言っても清掃が主な仕事でした。利用者は、午前中は老人、午後からは小学生、夜は社会人という感じでした。

仕事に慣れてきた頃、夜間の清掃や水質検査など一人での作業が増えてきました。僕は「信頼されてきている」と思い、期待に応えるように一層、仕事に励みました。

そんなある日、開館準備を済ませ小休憩していると「更衣室のチェックお願いします」と声をかけられました。

チェックとは、仕事に不備があってやり直しをする時に社員を呼んで確認してもらう、というここのルールです。

僕は呼ばれた所に確認に行くと、女子更衣室の床がビショビショに濡れていて、パートさんが
「拭き忘れにしては酷すぎるので、担当の人に厳重注意をお願いします！」

と強い口調で言われました。

女性のイジメ？

しかし、拭き忘れるような濡れ方ではなかったので、前に先輩に聞いていた女性の多い職場にありがちな「イジメ」だと思い、僕の中でこのことは留めておきました。ですが次の日もチェックに呼ばれて同じことを言われました。濡

れているところは同じですが、報告者は昨日とは違う人で担当者も違う人。僕は「イジメなら同じ人を狙わないか？」と疑問に思いながら、濡れている所を拭いていました。

次の日、みんなには内緒で、僕が女子更衣室の担当を受け持つことにしました。自分でやれば、イジメかどうか判断できると思ったからです。いつも濡れている場所を念入りに空拭きして監視員室に戻りました。ですが「チェックお願いします」の声が聞こえてきます。やはり女子更衣室でした。僕は「はい、確認しました」と言い、濡れている所を拭きましたが、三回とも同じところだったのでさすがに気味が悪くなり、さっさと拭いて監視員室に戻りました。

床が濡れる現象

僕は監視台に座りながら、小学生の時に聞いた噂を思い出していました。

「小学生の女の子がお盆の帰省でこっちに来ていて、プールで溺れて死んだ」

僕は、子供の時に聞いたプールの怖い噂話を思い出し、具合が悪くなりました。

その日は早退しました。自分が高校生の頃に建て替えられてはいますが、元々古いプールがあったところに建て替えたので「昔の噂は本当なのか？」と考えながらベッドの上で横になっていました。

次の週からは遅番勤務だったこともあり、なんとなく気持ちの切り替えができて、昔の噂話も床が濡れる現象も忘れていました。

夜間は夕方を過ぎると人も少なくなり、「ザバァ、ザバァ」と泳ぐ音が繰り返すだけです。その音が、いつもと違って怖くなってきました。

何だか薄気味悪くなり、「仕事に集中しよう！」と水質検査や温度管理に意識を向け、その日は乗り切りました。

次の日、午後から出勤するとラジオが監視員室に流れていました。

僕は「ラジオ流すことにしたのですね」と聞くと、先輩たちは「う、うん」と何だか冴えない返事でした。しかし僕にとっては気が紛れて最高でした。しかし夕方を過ぎた頃にラジオはジャミングがひどくて聞ける状態ではなくなり、ラジオを切ることにしました。

次の日、監視員室に行くとラジオはかかっていませんでした。僕は「あれ？ラジオは？」と聞くと「ジャミングが酷くてかけてられない」と先輩から返事がきました。

少しでも気が晴れるラジオが聞けなくなったことは、残念でしょうがありませんでした。

何事もない日が続き、例の件は忘れかけていました。

遅番のシフトで昼から仕事場に行くと、音楽が流れていて先輩に聞くと「ラジオがダメだから有線をかけて貰えることになった」と嬉しい出来事がありました。

数日が経ち、有線を聞きながら廊下の掃除をしていると「スッ」と人影が通った感じがして…。

心霊現象？

一度気になると何だか何度も人が通っている気がして、早々と掃除を打ち切り監視員室に戻りました。するとプールの常連の女性が帰り際に

「更衣室、ちゃんと拭いている？　すごく濡れていて危ないよ」

と言うのです。僕たちは「えっ？」と思いました。なぜならお客さんが帰るたびにちゃんと掃除をするからです。

僕はまた、あの時の恐怖を思い出していましたが、パートさんを見ているとみんな青ざめた顔をしています。話を聞いてみると、みんなそれぞれ体験があるそうで、今いるメンバーだけでもいっぱいありました。

一つ、廊下や更衣室で人影を見る。

二つ、更衣室が何故か濡れる。

三つ、監視台にいるときに沈んでいる人影を見た。

四つ、自動ドアが勝手に開く。

など後日、違うパートさんに聞いてもたくさん出てきました。

職場は心霊現象の話で、もちきりになってしまいました。

後ろから抱きつかれる

僕は監視台でボーっと幽霊のことを考えていました。

するとプールに沈んでいる人影を見つけました。慌ててプールに飛び込みましたが、そこには誰もおらず焦っていると、誰かに後ろから抱きつかれる感覚が。

「えっ？」

と思った時には後ろに沈み込んでしまい、気がつけば僕が溺れていました。

後ろにいる何かに手を伸ばして掴んでも離れず

「やばい！」

と思った時、常連のお客さんに助けられました。

お客さんに

「一人で何しているの？」

と言われ、他のパートの人が出て来て、とりあえず着替えるために監視員室に戻ってから話をしました。

するとボーっとしていたせいか、お客さんは一人しかいなかったことがわかって「じゃあ人影は⁉」ってなりました。気にしないようにと思いましたが、手に絡みついた髪の毛に気づいてしまい、

「わぁー！」

と叫んでしまいました。

その声を聴いてパートさんが見に来てくれましたが、さらにショッキングなことをパートさんが言いました。

「Aさんの背中のひっかき傷すごいよ」

僕は体が硬くて背中には手なんか全く届きませんし、誰かにひっかかれた記憶もありません。

では、さっきの出来事は何だったのか。

その日の夜、悪夢を見ました。

僕と変わらないぐらいの齢の女性がプールで溺れていて、助けようとしても女性の体が重く引き揚げられない。そのまま僕も女性と一緒に水の中に沈んでいきます。すると女性が「あなたを道連れに！」と言って、そこで目が覚めました。

女性の顔は全く思い出せません。しかも、その日から二日間、高熱にうなされてしまいました。

あなたも道連れに

怖い気持ちを押し殺して僕はプールの仕事に向かいました。

普段と変わらず仕事をこなしていましたが、いつもと違うことが一つ。

ずっと顔が見えない女性が僕の後ろに立っているのです。

気にしないようにしても視界にチラリと見えて、なんとなくですが、夢に出て来た女性に似ている気がします。

プール以外ではその女性は見えませんでした。

田舎ということもあり、仕事がなくて転職は考えず、プールで我慢して働いていました。

この判断が間違っていたのです。

夏休み期間に入り、朝から夕方まで小中学生でいっぱいで忙しく、幽霊のことはすっかり忘れて数日が経ちました。

遅番で働いていると、パートさんが二人欠勤してしまい、忙しさは倍。何とか閉館時間まで頑張りましたが、掃除の時間は二人分の担当がそれぞれ増えたので、いつもより時間がかかってしまいました。

その時に気付くべきでした。女性が前より近づいていることに。

もう手を伸ばせば届くくらいの距離にいて、何か「もごもご」話しています。

でもプールから離れれば問題ない、と疲れからか慣れてしまったからか重要に考えませんでした。掃除も終わり、パートさんたちが帰った後に水質検査と温度管理をしなくては、僕は帰れません。

当然、一人での仕事でだんだん怖くなってきたその時です。

突然耳元で「あなたも道連れに」と聞こえました。

僕は椅子から転げ落ちて、後ずさりしましたが、誰も居ません。

恐怖はピークに達し、残っている仕事も投げ出して帰ろうと鞄を持って監視員室を出ると四、五人の人がいました。

男も女も子供もいれば老人もいました。

揃ってみんなはこう言っていました。

「あなたも道連れに、い、い、い、い……」

一三日に来て一六日に帰る?

気がつくと先輩に
「おい！　おい！」
と揺すられていました。
「なにがあった?　こんなとこで寝て」

と聞かれましたが、言っても信じてもらえないと思い、何も言わずに帰宅しました。

ベッドに倒れ込み、何気なくカレンダーを見ると八月一六日でした。

最初に女性の霊を見たのが八月一三日で、いっぱいの霊に取り囲まれたのが八月一六日、お盆の時期でした。

「一三日に来て一六日に帰る」、その時に道連れにされそうになったのかと考えましたが、それは分かりません。

当然、その日のうちに退職届を出して辞めました。

事故物件の怪

引っ越したい

今からするのは、私が体験した実際のお話になります。

当時二〇歳だった私は会社に毎日一時間以上かけて通勤をしており、とても負担に感じていました。通勤も、車ではなく、バイクでしたので、雨の日や雪の日の辛さは、堪え難いものでした。

地元を離れて一人暮らしをすることを決めて、週末になると不動産屋に通い、物件を探す日々が続いていました。

しかし、まだ収入もたいしてなかったもので、二〇歳だった私は自立生活にも甘い考えを持っており、私が想像していた以上に引っ越しにもお金がかかるという現実に直面し、なかなか物件が決まらず途方に暮れていました。

そんな時、私の周りで自力生活を始めていた友人がいたのを思い出し、彼もまた収入もまだ少ないはずなのにどうやって生活出来ているのだろう、そう思った私はその友人に連絡をとり、事情を説明し、相談することにしました。

快く相談を引き受けてくれた友人から、日を改め直接会って話をしようという約束を取ることが出来、後日、とある喫茶店で相談にのってもらいました。

破格の物件の提案

私は通勤が負担になっており、どうしても職場の近くへ引っ越したい。しかし、まだ新人で月の収入が少ないこと、初期費用が思ったよりかかること、家賃も想定より高いことなど、色々伝えると、全てを聞き終えた友人からある提案を頂きました。

知り合いで不動産業をしている友人がいる。

そこなら、破格の物件を用意してくれる。

友人もその人から紹介してもらった部屋で生活している、とのことでした。私はその話を聞き、そんな素晴らしい人がいるのなら今すぐにでも紹介してほしい、と伝えると友人は快く紹介してくれることになりました。

さすがに、その日に会うことは出来なかったのですが、日を改めて紹介してもらうことで話は落ち着き、その日はやっと物件が決まりそうということもあり、テンションも上がった私は友人を誘い、そのまま飲みに出かけました。

そして、居酒屋に入り、ある程度お酒も進んできてお互い饒舌になり始めた頃でした。私は友人に感謝の気持ちを述べつつも、何故そんなに破格の物件を持っているのか問いただすと、友人は凄く言いにくそうにしていました。私は薄々嫌な予感がしつつも、早く言うように問いただしていると、友人が重たい口を開き、「事故物件を取り扱っているからだよ」そう言ったのです。

なにも問題ない？

正直、私からすると予想通りの答えでした。ですからあまり驚くこともなかったし、若さゆえ事故物件だとかお化けだとかそういうのは全く信用していなかったため、それだけで安く住めるのならラッキーとしか考えていませんでした。

友人にも事故物件については何の問題もないことを伝えると、友人は嬉しそうにしていました。きっと私に事故物件だということを伝えきれていなかったのを気にかけていたのでしょう。胸のつっかえも取れた私たちは朝までお酒を飲み、後日また会う約束をして解散しました。

そして、約束の日となり、友人と友人から紹介してもらった不動産業の方と三人で会うことになり話をしていました。

事前に友人から事故物件だという説明を受けていたこともあり、話自体はスムーズに進み、契約まで時間はかかりませんでした。そしていよいよ、引っ越す時がやってきました。

外観は特に汚くもなく至って普通。

駅まで少し距離はあるのですが、一時間以上かけて通勤していた私からすると、なにも問題なし。

家の中は少し古い造りにはなっていましたが、家賃と照らし合わせると本当に破格の物件だったと思います。初めての一人暮らしに、胸を躍らせ、すっかり事故物件だということなど忘れて新生活の準備を進めておりました。

違和感？

友人たちにも手伝ってもらったおかげで一日で引っ越しの荷解きも終わり、その日はそのまま私の新居で皆で食事をして夜遅くになると、それぞれ帰っていきました。

お酒も入り、引っ越しで疲れていた私は友人たちが帰って一人になるとすぐに深い眠りにつきました。

次の日は休みだったこともあり、少し遅めに目を覚ました私は、昨夜の痕跡が残っている机の上を片付けながら、家の掃除や衣類の洗濯をしていました。

そして洗濯物をベランダに干そうと思った時に、「?」違和感を感じたのです。

ベランダに掛けてあった物干し竿が床に落ちているのです!

不思議に思った私ですが、物干し竿は引っ越しの準備を手伝ってくれていた友人に掛けておくように頼んでいたため、「掛けるのが面倒くさくてその辺に置きやがったな」程度にしか思っていませんでした。

そして、その日も夜になり布団に入って目をつぶっていると、微かにベランダの方から物音が聞こえてくるのです。

一分に一回程度でしたが、「キィィ…」と聞こえるか聞こえないか分からないほどのごく小さな音でしたが、金属と金属を擦り合わせたような音が一瞬だけするのです。私は気にはなりつつも、眠気には勝てず、知らないうちに眠っていました。

物干し竿が変！

翌朝になり、ベランダの方を確認すると、物干し竿がまた床に落ちているのです。昨日は洗濯物を干し、回収するために確実に私が自分で掛けたこともあって、私は少し気味が悪くなりました。

そしてその日の夜。

いつもの就寝時間になり、眠い目をこすりながら布団に入りました。すると、またベランダの方から「キィィ…」と音が聞こえてきたのです。ただ違いがあったのが、一分に一回のペースで鳴っていた音が、三〇秒に一回程のペースになり、昨日よりも間隔が早くなっていることでした。

正確な時間を測ったわけではないのですが、体感的に明らかに早くなっていました。

実家に戻る

少し怖くなってしまった私は必死に目をつぶって寝ようとしました。そうして、気が付けば朝になっていました。朝起きた私は、寝汗で身体がびっしょり濡れており、寝不足のまま仕事へ向かいました。

それからも夜になると謎の音がして眠れない日々が続き、少しずつ私は毎晩眠る時間がやってくることに嫌気がさしてきていました。

少し気分を変えようと思い、一週間ほど実家に戻り生活をしていましたが、家族がいる安心感からか、その一週間はびっくりするほどぐっすり寝れたのを覚えています。

頭の中もスッキリして、冷静な考えも出来るようになった私は、ベランダから少し音がするだけで何を怖がっているのだろうと馬鹿らしくなり、実家に感謝を告げて自分の家へと戻ることにしました。

大きな物音

そして戻ってきた当日。

夜になり布団へ入ると、私はいつものような恐怖感もなくスッキリ眠ってしまいました。しかし、途中で大きな物音が聞こえて、目が覚めました。

びっくりした私は何事かと思い、周りを見渡しましたが、なにも変化は感じられず再び目をつぶることにしました。

しかし、数秒後に「キィィ…」とまたベランダの方から例の音が聞こえてきたのです。しかも少し音が大きくなっているように聞こえました。また始まった…、そう思いながらも私は気にせず眠ろうと思い目を瞑っていると、また「キイイ…」と音が鳴るのです。

「キイイ…」

「キイイ…」

三〇秒に一回だった音が一五秒に一回、一〇秒に一回と間隔が確実に詰まってきているのです。そして間隔が詰まるにつれて、まるで近づいてきているかの様に音も大きくなってきていました。

「キイイ…」

「キイイ…」

やがて五秒に一回ほどになるにつれ、私は本当に怖くなり、布団を被って目を必死に閉じていました。

いよいよ毎秒ごとに音が鳴るようになり、私は早く終わってくれと願っていましたが、しばらくすると、

「ドンッ！！！！」

という、ものすごく大きな物音と共に、ベランダの方から建物が揺れたと錯覚してしまうような大きな衝撃がありました。

恐怖で混乱した私は慌てて寝巻きのまま家を飛び出して、車に飛び乗り、実家へと車を走らせました。

明らかに何かに強く叩かれたベランダの窓。

そう感じました。

それ以降、怖くなりその部屋へは帰れず、契約も解除して実家へと戻ることにしました。

事故内容

後日、不動産屋を紹介してくれた、くだんの友人にこの話を笑いながらしていると、彼は顔が青ざめていました。私は自分が住む物件の事故内容はさすがに聞きたくなくて聞いていなかったのですが、友人は不動産屋の知人から、私の部屋の事故内容を聞いていたそうです。

それは、その部屋のベランダからの飛び降り自殺だったそうです。

それを知っていた友人は、私にその話を告げてきました。私は彼からその話を聞いて納得しました。やはり、ベランダから入ってきてはいけない「なにか」が、悪さをしようと私の部屋の中に入ろうとしていたのではないかなと思えたからです。

私の話を聞いた後、友人も自分が住んでいた事故物件の契約を、あっという間に解約してしまいました。

彼の部屋の元の住民も、自殺した人なんでしょうか、違うんでしょうか。

峠の怪

穴場

当時、僕と英子は毎週末に各地の心霊スポットを巡って遊んでいました。毎週そんなことをしていると近場の有名な心霊スポットは全て巡ってしまい、その週はどこに行くか悩んでいました。

僕は「行く所がなくなったから今週は心スポ巡りをやめる?」と英子にラインを送ると、英子から「ものすごい穴場を見つけたから、期待していてよ!」と返事が来ました。英子の言うことに期待して、その週の仕事を乗り切りました。

週末、僕は英子を迎えに行きました。

英子は「今回行くのはマジでヤバイよー」と車に乗ってくるなりハードルを上げてきたのを覚えています。英子に目的地を聞くと、峠を一つ越えた先にある街で、少し昔に一家無理心中をした家に行くとのことでした。

僕は「そこは今、誰か住んでいるの？」と聞くと英子は「空き家だから中に入れます！」とテンションが高めでした。

両親と子供が二人の四人家族で、父親の浮気を疑った母親が鬱になって精神がボロボロになっていったが、実際には父親は浮気してなかった。でも母親は「お前達がいるから悪いんだ！」と旦那の浮気の原因は子供たちにあると決めつけ虐待を始めた。

日に日に変わっていく母親に子供たちもおびえ、父親は母親が虐待を行っていることなどで将来が不安になり離婚を切り出した。そしてその日の夜に父親は子供たちを絞殺して母親を包丁で刺殺、自分は子供たちを絞殺したロープで首を吊った。

今から向かう心霊スポットのそんな話を英子はしてくれたのです。

パッシング

話に聞き入ってしまったせいか、気がつくと峠を降り始めていました。僕は「もう少しで着くね」と話しかけると英子は「なんか変じゃない？」と聞いてきました。

僕は「なになに？　峠だからってオレを怖がらせるつもりでしょう？」と言うと英子は「ほら！　また」と反対車線の車を指差します。

何が何だかわからず僕は「またまた……、引っ掛からないよ？」と英子に聞くと、英子は「多分違うよ。峠を降り始めてからすれ違う車、全部にパッシングされているもん」僕は会話に夢中になっていて全く気づきませんでした。

またすれ違う車にパッシングされ、僕らは少しパニックになっていると、すれ違った車がUターンしているのがルームミラーで見えました。

僕は「えっ⁉　えっ⁉」と焦っていると、その車は後ろから物凄いスピードで追いかけてきます。

その車は僕たちの車に追いつくと、後ろからもパッシングしてきてクラクションまで鳴らしてきます。そして窓を開けて何か叫んでいます。

僕は「あ、あおり運転だ！」と思い、英子に夏場で暑かったので開けていた窓を閉めるように言いました。

すると英子が「これ以上、閉まらないよ！」と言うのです。

僕は「こんな時に故障か！」と思っていると運転席側もほんの少し開いていて締まりません。英子とパニックになっていると、後ろの車が無理やり前に出て来て僕らを停めました。

車の上に人を乗せて

「終った」そう思いました。するとその車の運転手（おじさん）が下りてきて「何、危ないことしている!! 車の上に人を乗せて走って!!」と言って来るのです。

呆気に取られていた僕たちは
「そんなことしていません！」
と答えると、おじさんは
「ほらここに！」
と指をさすと
「あれ？」と言い、不思議な顔をしています。
おじさんは「車の上に女の人がしがみついていた」と言うのです。
おじさんは「車から落ちたんだ。辺りを探そう」と言うのですが、僕たちにとっては最初からいない存在を探すという謎の行動をとることになりました。
僕たちは
「二人でドライブしていただけなので他に誰もいないし、車にも誰もしがみついていていない」
と心霊スポット巡りのことは伏せて反論しました。何度かそんなやり取りをしてようやく納得したおじさんは「不思議だなー」と言い、僕たちに謝りもしないで、その場からいなくなりました。

その日は、心霊スポットには行かないで帰ることにしました。帰り道に英子が「あ！」と言い、話し始めました。

峠を降り始めた時からパッシングされていたのは、通り過ぎる車の運転手全員に女の人が見えていて教えてくれていた……。そして窓ガラスが閉まらなかったのは、掴んでいる女の手が挟まってそれ以上閉まらなかった……。

そう言われると想像ができてしまい、怖くて震えました。

その日以来、心霊スポット巡りはやめました。僕や英子にも変わったことはありませんが、なぜ車の上に女がしがみついていたかは謎のままです。

体を乗っ取られる

この話にはいくつかの伏線がある。
まず、茅葺《かやぶ》き屋根の記憶から紹介する。

茅葺き

父は、私が五歳の頃に、解体した茅葺きを近所の人が小屋にしていたものをもらってこようとしていたがうまくいかなかった。
四、五歳の頃の記憶では、近くに茅を育てる農家があり、茅葺きの総葺《そうふ》き替《か》え、部分葺き替えをしていた。

お金がなかったから、総葺き替えは厳しく、たぶん一部葺き替えしか出来なかったのだと思う。

葺き替えは、たいてい大人四、五人でやっていた。束にまとめた茅を表側から棒で内側に通して、棒には縄が付いていて、裁縫《さいほう》のように茅の束を編み込むようにやるのである。当時でも、茅を育てる農家はそんなに多くはなかった。私は時々、ふっとこの記憶が蘇ってくる。ただ、これは本当の記憶なのか分からないのだ。

藺草《いぐさ》刈り

これは、今から五〇年以上も前の、高校三年の頃の話になる。田舎は九州の中央に位置するK県。

私は、同級生の亜太郎と神社の境内で待ち合わせしていました。夏の祭りが近いので、同級生で何か思い出に残ることをしたいと思って、神社のお祭りに参加できるかどうかの打ち合わせにやってきたのでした。

亜太郎が突然そんなアイデアを思いついたので、下見を兼ねて打ち合わせに来たというわけです。他のメンバーは都合がつかなくて、私と亜太郎の二人で、話をきくことになったのです。

境内にはその準備の人がチラホラいました。

亜太郎は、藺草刈りの帰りとかで、アルバイトをしてきたのだと、汗をふき現れました。夏の炎天下での藺草刈りの作業は大変辛い作業です。けれども、その甲斐あってか、バイト代が高いのだということです。

日に焼けて真っ黒で、全身が火照って上気しているふうで、体格の良い彼がなんとも眩しく感じられたのを覚えています。

私にはその頃、憧れている人がいました。高校三年の春も終わり、受験真っ只中でしたので、その人への憧れは、封印していたのですけれど…。

その待ち合わせの時、亜太郎が熱心に藺草刈りの様子を話してくれたことを、今でもよく覚えています。

「藺草は春頃から一気に成長する。一メートル前後の青々とした長い藺草になるんだ。鎌で一束ずつ丁寧に刈り取る。腰が痛いよ。刈り取り作業は、暑いから、朝早くからすることが多い。

その後に藺草干し。刈り取られた藺草を、すぐに乾燥させる。強い日差しの下、藺草を広げて乾燥させる。

天日干しの間に、雨にかかると困るから、注意するんだ。広げて乾燥させた藺草を、翌日からは束にし、上部をわらで縛って立たせる。さらに十分に乾燥させる。まるで人形が立っているような格好。乾燥が完了すると、今年の新しい藺草の出来上がりだ」

四〇年ぶりの再会

先日、大阪で、久し振りに同窓会があって、実に四〇年ぶりくらいに彼に会いました。高校を出てから、大阪と東京に別々な進路に進んだために、以来、田舎でも会うことがなかったのです。久しぶりの再会でした。

すっかりおじいちゃん、おばあちゃんになった私たち？

いえいえ、それが、亜太郎はビックリするくらい若いのです。私はしばらく働いたといっても、結婚して、家庭に入り、年相応の老け方をしていますが、彼は、四〇代くらいに見えます。驚きです。

そんな彼の姿を見て、私はいっそうドキドキしていました。


彼の周りに、見知った数人の男たちが集まってきました。そして、同じクラスの優子もきていました。私はなんとかきっかけを作って、優子と話し始め、頃合いを見て、亜太郎に話しかけました。

「亜太郎、あの時のことを覚えている？　ほら、藺草刈りのアルバイトをしていたじゃない。あなた、とても体が火照って暑そうだったわ。あの時、神社で待ち合わせをしたでしょ？　私、あの日のこと、時々思い出すのよ」

勇気を出して言いました。

「…もちろん、覚えてるよ。君と神社で待ち合わせをしたよね。それで祭りに参加して屋台を出すことを計画したんだよね。それが楽しかったよね」

こんな答えが返ってくると思っていたのです。そして、あの時、実は受験真っ只中であったので、封印していた恋の感情が、燃え上がるような感じを少し覚えたのでした。そのことを私自身が思い出して、亜太郎に質問する時にも、少しドキドキしていました。

しかし、亜太郎の答えは意外でした。

「えー、僕は藺草刈りのアルバイトなんかしたことないよ」

「?.?.?」

「それに、君のことも覚えていないな。誰かと勘違いしているんじゃないの」

勘違い？

私は呆然自失となりました。

覚えていない？

いったいどういうことなんだろう。本当に覚えていないのだろうか？　それとも何か訳でもあるのかな？　予想以上のつれなさです。

その会話をした後で、彼は妙によそよそしくなった。明らかに、話をすることを避けているのが、見てとれた。

「変なヤツ！」

どうも、行動が、おかしいのです。目の端で、彼の姿を追っていると、必ず担任の星先生と一緒です。誰かと話をする時には、星先生が彼を紹介しているふうにみえました。

「？…？…？……これは、何かの陰謀？」

私が変人？

私は、もともと、慎重なタイプですが、変人と言われることがあります。夫が、私に言う口癖は、

「君は、本当に変わっているね。僕以外の普通の人にはなかなか理解できないよ」

「君って、結婚してから人格も変わったような気がする」

「しょっちゅう、何かにちょっかい出されていない？」

「宇宙人にインプラントされているんじゃないか」

ですって。

同窓会の始まるちょっと前に、ホテルのお風呂場でチクリと痛みと違和感があったので、顔の表面をチェックしていたら、

「ある、ある」

一ミリ弱のコーティングされた黒い塊が、目の下の頬骨のあたりにあるではありませんか。

インプラントされているかも

インプラントは、宇宙人が、人間観察のために、また情報収集のために人間に埋め込む極小の発信機です。宇宙人に親和性のある人間に埋め込むと言われています。

私は小さい頃から宇宙船に縁がありましたので、何度かインプラントの経験があります。調子が悪い時とか、気分がスッキリしないとか、そんな時にインプラントされたと感じます。

今回もそれを、なんとか取り出してみたら、それは不思議な異物でした。家に顕微鏡があれば、覗いてみるのですが、あいにく倍率の悪い拡大鏡くらいしかありません。

どうせ証拠は残さないのが宇宙人のやり方です。映画のミッション・インポッシブルみたいに、時間が来たら、ボーッと消滅するのです。

ですので、亜太郎が怪しいというより、私の方がおかしいのかもしれません。友達の少ない私のことですから、そう指摘されたら、それまでなんですね。

悪質な何か

でも、亜太郎の思い出は絶対に他から移された記憶ではないのです。

甘酸っぱい恋の感覚は、けっして作られたものではないという自覚が、過去の経験からあるのです。

やっぱり、怪しいのはあいつです。

まず、人格が変わっていました。以前は、自信なさげな人でしたが、いまは全身から、自信のオーラが出ています。

それから、ギラギラしたものが、出ています。それは、獲物を前にしたライオンやトラのような、残忍性です。必ず獲物を捕らえて、食べてしまうという粗暴さです。

亜太郎に、高校生の頃に感じた優しさ、正直さを感じることができません。

ウオークインではないか？

私の結論は、簡単です。

亜太郎は、昔の亜太郎ではないということです。人格が変わることは、よくありますが、それは人間形成の上での自己変革ということです。いい意味でも、悪い意味でも。

だけど、亜太郎の場合は、明らかに違うものです。

これはウオークインなのか…なにか悪心を感じます。悪質なものです。

異質な魂が、肉体を乗っ取る

映画の『アバター』を見た人は分かると思うのですが、異星人の体に、地球人の魂だけが入って、その間、自分の肉体は休んでいます。そして異星人を思いのままに操れます。

地球人の主人公は、軍の任務で、半身不随になっていたのですが、異星人の体を借りて、自由自在に動き回れるのです。

鳥に乗って空を飛びます。

馬みたいな動物を操り、自由に動き回ります。そして、恋をします。

異星人が持つ本来の高い身体能力を発揮して、地球人の善なる精神が発揮されていき、異星人たちのリーダーになっていくという物語です。

その映画のオチは、地球人がその惑星に侵略をしており、研究対象として、実験的に異星人にウォークインし、言語や民度、文化習俗を収集しようとしたのですが、結局、主人公は侵略される異星人の信仰を守るために反乱軍を組織して、地球人の侵略軍からその異星人たちを護るというものでした。

ウォークインは、成功するのですが、惑星の侵略者になろうとした地球侵略軍の計画は挫折し、手痛い敗北に終わります。

権力構造が変わる

これは、善なる魂は、正義のために戦うのだと教えています。この時ウォークインした魂は、地球人の善なる魂だったので、地球侵略軍の粗暴な軍隊に対して、立ち上がったのです。

でも、逆の場合もあります。それは、宇宙人の悪なる魂が地球人の中にウォークインした場合です。

この時にはどうなるか？

必ず権力のある人にウォークインし、地球上の権力構造を変えてしまうのです。

「ヤバい！」

あれから、数カ月です。

亜太郎は、どんな変化を見せているか？

知りたくもあり、知りたくもない。これは、怪異現象なんです。何故なら、誰かが、ウォークインの事実を教えない限り、日本人は宇宙人さえ信じない傾向が強いのですから。

「ヤバい！」

「ヤバい！」

大国の独裁者がウォークインされているとしたら、地球侵略は加速するのではないか。いろいろな国にも触手を伸ばし、侵略しつつあるのではないか？

日本は大丈夫？

我々地球人は、宇宙人たちに支配されてしまうのか？

怖くて、怖くて、気が気ではありません。

亜太郎が、突如、A県の与党幹事長代理になったと知ったのは、それから一カ月後のことです。

偕老同穴

海辺の家

妻の叔父は、若い頃にアメリカへ移住し、苦労して、ある程度の財産を作って帰国してきた。

そして、故郷の海辺に、当時にしてはすごく珍しいコンクリート作りの二階建ての家を建てた。

すぐ前には磯が広がり、建物の下まで波が来ていた。

妻は小さかった頃、父親に連れられて、そこを尋ねたことがあるそうだ。その頃、叔父は六〇代半ばだったと思うと、言っていた。

叔父は不思議な奇人だった。

海辺の家に、ボートをつなぎ、釣りに行ったり、島々をめぐるクルージングに熱中していたようだ。

妻は、この叔父をとても気に入っており、よく遊びに行ったという。

その叔父は、アメリカへ渡った時に、インディアン居留地にも行ったとかで、いくつか心に残る話をしてくれたのだ。

妻は折に触れて、その話を思い出すという。

インディアンの風習

あるインディアン部族の女性が、ご主人を亡くした時のことだ。

その部族の風習では、死者は死後すぐにではなく、四日目に葬られることになっており、それまでの間、人々は、夜を徹して語り合うことになっているのだそうだ。

なんだか日本のどこかの地方の風習みたいで、古めかしいような、懐かしいようなと、妻は評していた。

日本の通夜と同じように、真夜中に休憩して軽い食事をとり、それからまた朝まで話し続けるらしい。

多くのインディアンも、キリスト教の信仰を受け入れていたので、近くの教会の牧師の一人が、話に来てくれたのだとか。

牧師が、使者の棺に倒れ込む

しかし、真夜中近い時間のこと。牧師さんは高齢で、動きがゆったりとしていたらしく、次の話手の未亡人が、会葬者にお礼を述べている間に、ようやく腰を下ろそうとしたらしい。

しかし、椅子によりかかった途端、滑りやすい床の上だったのだろう。椅子が、ズルズルと後ろ向きに滑りだしたのだそうだ。

そして、そのまま牧師は、死者の棺の上に倒れ込んでしまったのである。死者はびっくりしたことだろう。でも、それ以上に牧師の方が驚いたに違いない。

他の人たちが立ち上がり、牧師を助け起こした。

この有様を見ていた未亡人は、最初はあまりのことにビックリした。死者を冒涜したような感じになってはいないかと心配して怖れたが、それよりも笑いがこみ上げてくるのを隠しきれなくなった。笑いに押し切られたのか、思い切り吹き出してしまった。

それを見て、他の人たちも一緒になって笑い出した。

彼女は言った。

「そこに横たわっている主人も、きっと自分の上に牧師が倒れてきたことを不快と思うよりも、今のことを面白かったと思うことでしょう。彼はそういう人でした。陽気で…、人を笑わせるのが好きでしたから」

彼女は、怖れよりも、気持ちを明るいほうに切り替えることができたのだ。

素晴らしいことである。

偕老同穴

叔父は、自分にも妻ができたら、こんなふうに、笑って送ってくれることを願うと言ったそうだ。しかし、叔父は生涯独身だった。

そして、叔父はもう一つ、妻の記憶に強烈に残る、ある話をしてくれたという。

それは、「偕老同穴」の話。カイロウドウケツと読む。

「小さなエビの話だ。

死期を知った小さなエビの夫婦が、口から出す泡のようなもので、細い筒状のものを編んでいく。その模様は多種多様で、複雑らしい。長さは二〇センチ位で、入口の直径は一センチほど。

編み上がると、エビの夫婦はそこに入って、死を待つという。

この偕老同穴は、どうやら沖縄の海で獲れるらしいのだが、沖縄の人達は、このエビ夫婦と筒を、非常に珍重する。何故なら、自分たちの夫婦関係や生と死を、考えさせるからだと思う。

沖縄のような厳しい自然の中で、生と死は激しく鍛えられるものではないかと思うからだ。偕老同穴は、自分を振り返るきっかけになったのではないか?」

沖縄に移り住んでいた叔父は、ずいぶん前に、俳優の河原崎長一郎さんが書いたこの文章に感銘を受けていたようで、そのことを成人した妻にも、後年、話してくれたのだ。

ただし、この偕老同穴には、ある怖い話も叔父は付け加えることを忘れなかった。妻はそのために、この話をずっと忘れることがなかったのだ。

民話の中の偕老同穴

この偕老同穴の話は、古い民話にもある。その中の一話である。

仲の良い老夫婦に死期が迫っていて、互いに偕老同穴になろうと言い合う。

おばあさんが先に亡くなるが、亡くなる前に、自分が死んだら、家の壁に埋めてくれと言う。そして毎日、壁の中から呼びかけるから、必ず返事をしてくれと言う。

おじいさんは、いいよ、そうするよと約束した。

しかし、毎日毎日、壁の中からおばあさんが呼びかけるものだから、おじいさんはある日、托鉢に来たお坊さんに留守を託して、出かけてしまうのだ。

おばあさんは、おじいさんが自分を騙して、出かけてしまったことに腹を立てて、代わりの役を引き受けた托鉢坊を壁の中に引き込んで殺してしまう。

翌日帰ってきたおじいさんは、それを発見して恐怖にかられる。そして、おじいさんも、次の朝には壁の中に取り込まれて死んでいるところを近所の人に発見される……

という、とっても怖い話なのだ。

妻が学んだ教訓

これでは、夫婦円満な終わり方にはならないのではないかと思う。まるで、日本の神話の伊弉諾《いざなぎ》と伊弉冉《いざなみ》の話みたいである。亡くなった妻を探しに行くと妻が見ないでくれというのを見てしまって、そのおぞましい姿に絶句するという、おしどり夫婦のどんでん返し。

だから、この民話は怪談となって、この世での人生修行は、この世でのこと。来世はまた来世の仕事があるのだということを、何かしら教えようとするのかと思う。

「この世に執着するから、恐怖は起こるので、肉体や命に執着すると、恐怖はエスカレートし、道を間違えるのかもしれないね」

妻が学んだ教訓である。

女と男の、対のエネルギー

ナバホ族の間では、男性が何か意見をまとめなくてはならない会議に出席する時には、妻か、一番上の娘を同行させる習慣らしい（何かの本で読んだ）。

男と女は物の見方が違うから、男女は協力しなければ、バランスのとれた意見をまとめることができないという考えなのである。

ナバホ族の男のまじない師が、祝福の儀式を行う時には、儀式の中で、彼とつながりのある女性が後について、祈りを繰り返さなければならないことになっているという。

女性と男性のエネルギーが結びついて、祈りがさらに強力なものになるのである。

対のものと力を合わせる。

これはインディアンの考え方の基本のように思える。

妻の叔父は、ナバホ族の友人ができて、いろいろなことを教わったそうだ。

叔父も、東洋漢方の話をしたり、自然療法の話をしたりして、インディアンとの不思議な交流が生まれたらしいのである。

妻に言わせると、叔父の風貌には、一種変わった哲学的な雰囲気が漂っていたという。妻が少女だった頃の、異性に対する憧憬が感じられる話で、僕は時々チリチリとした嫉妬の感情を持ったりする。

さて、私は妻との偕老同穴を、どうしたものだろう。

橋の怪

橋を描く

私は、橋が好きです。

絵に描いて、人に送るのが趣味です。

全国の橋を、三十年間で有に二百近く描いたかしらね。そんな私の絵を、北海道のある町では役場に飾って下さっています。ありがたいなあ。

橋の神様と言えば、瀬織津媛《せおりつひめ》。

知っていますか？　日本最古の書といわれる『ホツマツタエ』（秀真伝。富士山麓に奈良王朝よりもさらに古い文明の富士王朝があったことを記している）

では、瀬織津媛は、すごくスケールの大きい神様として描かれていますよ。

私、ある時、友人とのツアーで、京都の宇治橋を描きに行きました。

宇治橋は「瀬田の唐橋」と「山崎橋」と共に、日本三古橋の一つに数えられます。伊勢神宮内宮の参道口にかかる橋も宇治橋ですが、なぜ「宇治橋」というのでしょうか？　お分かりの方は教えて下さいね。

ここからは、京都の友人が、そっと教えてくれた橋姫のちょっと怖い話です。

宇治橋には、橋の途中に「三の間」と呼ばれる出っ張りがあります。

宇治橋の三の間（西詰より三つ目の欄干のところに幅一間ほどにわたり橋板を張出した部分で、当初は橋の守護神の橋姫の社殿が設けられた）から汲み上げる宇治川の水は、琵琶湖の竹生島弁財天の社殿の下から湧き出るとか、瀬田唐橋下の龍宮からの湧水とか伝えられ、古くから名水といわれました。

あの松永弾正ら戦国武将や茶人らがこの水を用いたことが知られ、秀吉もこの水を橋守に汲ませて点茶用にしたといわれます。

いまでも、豊臣秀吉が宇治川の水を汲んで茶会を開いたというので、その故事に倣って、宇治橋「三の間」から釣瓶《つるべ》で宇治川の清水を汲み上げる儀式があります。

橋姫

この宇治橋「三の間」は、もともとは、三角関係のもつれから、生きながら鬼となった「橋姫」が封印された場所なんだそうです。

それは、今昔物語にこんな風に語られています。

紀遠助《きのとおすけ》という男が、都の東三条殿の勤めが終わって、美濃の国に帰る途中のことです。

瀬田の橋を渡っていると、一人の女に出会います。

女は遠助に

「美濃のある橋の袂《たもと》にいる女に、この小箱を渡して欲しい」

と頼みます。

その時に、

「この箱の中は、絶対に見ないで！」と忠告されます。

美濃に帰り着いてから、遠助は毎日の忙しさにかまけて、しばらくの間、つい箱を渡さずに持っていました。

箱を開けたら

ところが、遠助が所用で出かけた留守中に、妻がその箱を何の気なしに開けてしまったのです。

中には、なんと！　えぐり抜いた眼球や男根が入っていたのです。

遠助は、妻が箱を開けてしまったことに驚いて、あわてて橋のたもとへ行って、女に箱を渡しました。

しかし、やっぱり「箱を開けたこと」が女には、バレています。

遠助は、逃げるように家に帰りますが、間もなく死んでしまいました。

物語では触れていませんが、箱の中身はきっと橋姫の愛した男のものでしょうね。

眼球は自分以外の女を見たもの、

男根は自分以外の女に触れたもの。

ということで、やっぱり三角関係のもつれでしょうか。

橋を守る美しい女神

しかし、もともとは、平安時代以前、橋姫は水の神で、橋のたもとで、橋を護る美しい女神だったんです。

どうやらそれが、鎌倉時代頃から、だんだんと恐ろしい伝説に変わってしまったのです。なぜでしょうか?

それは、どうやら橋を作る時の人身御供の風習と重なるようですね。

封建的な支配が強くなると、弱い立場の人の清き、いたいけな魂を差し出して、災いや災難を封じてしまおうという気持ちが強くなるのかもしれませんね。

ですけれど、神話には、倭尊《やまとたける》のために、海を鎮めんとして海に身を捧げた弟橘姫《おとたちばなひめ》の話などありますから、自己犠牲の精神が強い時代には、そのような美談が多くあったかもしれません。

ただし、心のどこかで、犠牲になった人への思い、悲しみなどが死への恐怖となって、だんだんと恐ろしい伝説へと変わっていったということではないでしょうか。

江戸の夏の怪談

王子暮らし

今から四〇年ほど前の話です。

その頃、妻と結婚しました。妻は、霊体質で、その頃は知らなかったのですが、どこで暮らすかは、結構切実でした。

僕は、谷中の辺りが好きなので、結婚する前は谷中の墓地近くで暮らしていましたが、妻が泊まりに来ると、夜中にドアが開いたり、足音が聞こえるとかで、「一緒になるなら、谷中はゴメンネ」と言われました。

それで、すぐに三河島に転居したのですが、ここも妻のお気に召さなかったのです。仕方がなく、叔父が当時住んでいた王子へ引っ越しました。谷中は好きだったのですが、王子は東十条にも近くて、下町の感じがしていて、僕にはとてもぴったりなところでした。

妻も、「飛鳥山から離れていれば、まあいいか」などと、なんとか工夫している感じで、なんとかやっていました。

暮らし始めた頃は、アパートだったので、お風呂がなくて、銭湯へよく通いました。銭湯のおばさんは、話好きな人で、落語が好きでした。

たまに銭湯を休んで、近くの喫茶店で、小噺会とかいうのを開いていました。落語好きが高じて、知り合いたちに自分で小噺を話して聞かせるのです。

今でも、覚えているのが、ちょうど暑い夏の頃の「振袖火事」の話です。

舞台は、本郷丸山町の本妙寺。明暦三年一月十八日の「明暦の大火」の話。

これは、よく知られた話なので、皆さんもご存知かと思います。

麻布小町、お梅

麻布の質屋遠州屋に、お梅という一七歳の娘がおりました。このお嬢さん、麻布小町と評判の美人ですが、なにせ箱入り娘。外に出るのが大嫌いということで、案じた母親が、浅草の観音さまあたりで、外の空気を吸わせようと、墓参りに連れ出しました。

その菩提寺というのが、本郷の本妙寺です。

母娘は墓参を終えて、本郷から、湯島の切り通しを下って上野広小路へと抜け、上野の山に向かいました。途中、にわかに空がかき曇り、突然、ドーッと大雨が降り出しました。周りには、たくさんの人出があって、みな一斉に雨宿りに駆け出しましたから、母娘ははぐれてしまいました。

そして、日頃あまり運動していない娘は、この騒動の中、気を失って倒れてしまいます。

波に千鳥の模様の振袖

どれほど時間がたったのか、気がついたのは葦簀《よしず》張りの茶店の中。

紫地の織物、波に千鳥の模様で、桔梗の紋が付いた振袖に、萌黄色の袴姿の水も滴る若者が、お梅の体を支えてくれていたのです。

「貴方様は……？」

と、見つめるお梅。

「先程、上野の山下でお会いいたしましたが、人目にさえぎられてしまい、後を慕ってここまで参りましたが、あなた様が倒れていらっしゃいましたので、失礼とは思いましたが、この店にお連れしました」

と若者は答えました。

うっとりと見つめ合う二人は、あっという間に恋に落ちたのです。若者は寺の小姓で、信綱というのだそうです。

しかし、束の間の逢瀬、雨が止んだら、若者は寺へと戻っていきました。再会を約束したのですが、会うことが叶いません。

それからというもの、お梅は、目の前に縫の助の姿が浮かんで、食事も喉を通りません。

見かねた母親は、気晴らしに着物を買ってあげようといいました。

「それじゃ、紫地の織物で、波に千鳥の模様を染めた振袖に、桔梗の紋をつけてくださいな」

仕方なく言うとおりにしてやります。しかし、ますます気病みが深くなるばかりです。出来上がった振袖を見て涙ぐんだりため息をついたり、こんなことで両親もいっそう心配が募ります。医者を呼ぼうといっても、いやいやをする。事情を聞いても、泣くばかりで話にもなりません。

ついにお梅を育てた乳母に頼み、娘の心の内を明らかにしてほしいと言うことになりました。

ひそひそ声

さて、乳母が夜が来るのを見計らって、お梅の部屋に参ります。するとどうしたことでしょうか、中からひそひそと話し声が聞こえてきました。

「あなた様は、今晩はたいそうお出が遅うございましたな。私はどんなに待ち遠しかったことでしょうか」

乳母は、お梅がてっきり店の者でも引き込んだかと思い、さっと部屋に入り込み布団を上げてみました。すると、なんとちりめんの枕が、あの紫の振袖を着て寝ているではありませんか。

「ワーッ」と泣き崩れるお梅。

こうなったら全てを打ち明け、何とかあの若者を見つけてほしいと、乳母にすがりついて参りました。

娘の苦しい胸の内を聞いた遠州屋は、八方手を尽くし、若者の消息を探り当てました。

帰らぬ人に

ところが時はすでに遅く、上野寛永寺の寺小姓でしたが、病におかされて一ヵ月ほど前に死んでしまっていたのです。

いまわの際に「お梅様」と一声叫んでいたのが、この世の別れだったそうな。

けれどこの話、お梅には聞かせられませんね。

気休めを言って慰めているうちに、いよいよ娘の体は衰弱して参りました。ついに明暦元年四月、「この振袖を私の棺桶の上にかけて、お寺に収めて下さいませ」と遺言を残し、帰らぬ人になりました。

嘆き悲しんだ両親は、仕方なく娘の棺桶にあの振袖をかけて、ねんごろにあの本妙寺に葬るしかありませんでした。

振り袖の怨念

さて、翌年の明暦二年正月一五日、お梅の一周忌がやってきました。無事本妙寺で供養を済ませ、一行が帰る頃に、向こうから立派な葬式の列がやってきます。寺の小僧に聞くと、やはり大問屋の娘さんが亡くなったのだと言います。

歳はお梅と同じ一七歳。

本堂に収まった棺桶を見れば、これは異なこと。紫地に千鳥模様、桔梗の紋が入っているではありませんか？

不思議な縁を感じる遠州屋でしたが、その場を立ち去りました。

次の年は三回忌にあたります。親戚一同本妙寺を訪れると、またも葬式に出くわしました。本郷の商家の娘で、歳は一七。まさかと思い、棺を見れば、やはり波に千鳥模様の振袖がかけられております。

娘と同じ歳。

同じ命日の娘の葬式。

しかも、あの振袖が棺桶にかけられている。こんな奇妙なことが毎年続くとは。寺の住職もさすがに恐れおののき、葬儀の主に問います。そうすると「この振袖は新しく仕立てたものではありません。呉服屋が持ってきた古着をたいそう気に入ったので、買ってやったはいいが、それからまもなく床につきまして、亡くなる前にこれを棺桶にかけてくれと申したのです」と、主は涙ながらに答えたのでありました。

ということは、これはお梅が作らせた振袖。二度までも店に収めたものが、なぜ人の手に渡り、再び寺に舞い戻ってくるのであろうか。

これは振袖に並々ならぬ妄執がこもっているに違いない。このままにしておいたら、また、災いが起こるのは目に見えている。しからば、お経をあげた後、焼き捨ててしまおうと一同で話がまとまりました。

明暦三年の大火

それから数日後の明暦三年正月一八日。本妙寺の境内には振袖のたたりの噂を聞きつけた群衆が溢れかえっておりました。

「南無妙法蓮華経、南無妙法蓮華経」

何十人という僧の読経が続く中、あの振袖が運ばれてきました。

「怨敵退散、死霊滅却、南無妙法蓮華経」

一段と高い声とともに、やおら振袖は燃え盛る炎の中へと投げ込まれました。

そこへ、ゴーッとうなり声をあげ、西北の風が吹き込みました。あまりの風の激しさに野次馬たちがウォッと空を見上げた瞬間、炎に包まれたあの振袖がヒラヒラと宙に舞って昇っていくではありませんか。

これは大変なことになった。

驚く群衆を尻目に、振袖は、あたかも舞い踊るかのように、両袖を広げて裾をひらめかせています。やがて本堂の庇に横たわり、そのうちに炎が庇に燃え移っていきました。

あっという間にふわっと黒煙がたち、屋根と庇の間からめらめらと炎が燃えたちました。

境内では人々が右往左往して、先を争って逃げようとしています。しかし、あまりに多くの人が見物に来ていたので、大混乱に陥りました。阿鼻叫喚の様相です。風はますます強くなり、瞬く間に本堂や庫裏などを焼き尽くし、火の手は四方八方へ。

こうして江戸中に燃え移りました。ついに二〇日の昼過ぎまで怒り狂った炎は消えることがありませんでした。

無念のうちに死んだ若い男女の怨念は、江戸一〇万人の命を焼き尽くすほどに強く激しいものだったのです。

妻の父母の命日

僕はその日、帰宅して妻に、この話をしたところ、大層興味深く聞いておりました。

そして、なにか、その日から、憑き物が落ちたように、霊的なことを話さなくなりました。なにか、深く深く、心に刻まれたのでしょうか。

ただ、妻のちょっとした遊び心を感じたことがあります。

時々、彼女の早逝したお父様とお母様の命日（二人は同じ日に亡くなっています）に、仏壇に紫地の千鳥模様のハンカチが、そっと載せられていることでした。

幽霊の掛け軸

修学旅行でおこったこと

これは、私が茨城県の高校生だった頃の修学旅行の思い出。

初めて泊まることになった京都の旅館に着くなり、ビジョンが次々に現れてびっくりした話なの。

私たちが旅館に着くと、まず、旅館の構造がはっきりと見えてきた。

当時、ゲーム機なんかなかった時代です。遊びといえば、ビリヤードか卓球でした。修学旅行では、お風呂に入るのが最も苦手でした。みんなで、一緒にお風呂に入るのは苦行に見えました。新調した下着を見せる会なんでしょうか？

海難事故みたいな、お風呂場です。

一体あれは、なあに？

ですから、時間つぶしにもってこいなのが卓球だったのです。旅館には、どこにも卓球をする部屋がありました。私は、その部屋がどこにあるか、玄関に着く前に分かっていました。

卓球場はあそこ？

階段を上がれば、トイレが右にあること？

それから、旅館の玄関から部屋に向かうときに、向こうから犬のチンを連れた客がやってくることなど？

何故、チンなのかは分かりません。見えてきたものを話しただけですから。

そういうビジョンをバスの中で親友二人に話していたことが、すべて現実、その通りでした。

みんなびっくりです！

タイムトリップ

ビジョンと言ったけど、ほんとは夢でタイムトリップして、先にその場所に行っていたんじゃないかなあ。

タイムリープ
タイムトラベル
タイムワープ
タイムスリップ
タイムトリップ

いっぱい、同じような言葉があるけど、よくわからない。おんなじことじゃないかと思うんですが、説明が苦手なのよね。

でも、感覚としてはタイムトリップかな。

「ワープ（ゆがめる）」でもない。「トラベル（旅行）？」、いや違う。「スリップ（滑る）」だと失敗感覚だから、これでもなさそう。やはり、「リープ（跳ぶ）」か「トリップ（旅）」かなあ。

霊体験

大好きなおじいちゃんが、亡くなってからも、しばらくビジョンを見ていたわ。

バイトで、コンビニの店員を一時期していたんだけど、おじいちゃんはそこへ現れて、私に手を振ってくれました。不謹慎かもしれないけどね、お米の上に腰をかけて、ニコニコ笑いながら、私を見ていたの。

学校を中退して、やけくそなときだったので、すごく救われた。

誰かが応援してくれているということはとても励みになるものだと、嬉しかった。

たとえ、それが亡くなったおじいちゃんでもです。

そんなことが体験としてよくあったものだから、自分でも人とは違う霊体質なのだと思うようになったの。

幽霊図

夢で幽霊が出て来たこともあるわ。

皮肉なことに、修学旅行の一日目のこと。

翌日、京都のお寺に行くと、前日見たその幽霊の掛け軸がかかっていたのね。何で、幽霊の夢を見るんだろうと思ったんだけど、このお寺の掛け軸を教えてくれたのかも。

京都の曼殊院《まんじゅいん》は、叡山電鉄の「修学院」駅から歩いて二〇分のところにある。この原稿を書くまで、実は気がつかなかったけれど、最近見た映画『ぼくは明日、昨日のきみとデートする』という三木孝浩監督作が、私は大変気に入っている。その撮影場所が、この叡山電鉄で、京都の北東に位置する学校と設定されていた。

この映画は、お互いが電車の中で出会ったときから、時間がそれぞれ逆に進むという設定になっている。「僕の明日は、彼女の昨日」ということ。ちょっとした悲恋。甘い青春の恋みたいな映画なのね。

これが、実はタイムワープか、タイムスリップの映画だと思う。

曼殊院には、「幽霊の掛け軸」が展示されていることで知られている。それほど古い軸ではないと言う。昭和五九年頃から展示されていたものらしい。ちなみに今はないそうだ。

いまから四〇年ほど前に、清滝寺徳源院の住職のところに

「家で不幸が続いたので、供養してほしい」

と託されたものを、住職が曼殊院の門主も兼ねていたので、曼殊院に飾ったところ評判となったとのこと。それまであまり訪れる人がいなかったのに、この掛け軸を見るため観光客や修学旅行生が多く訪れるようになったというのです。

「足はなく、白い着物の胸元がはだけ、浮き出たあばら骨が見える」

「黒髪が一本ずつ細かく描かれていて、みけんには深いしわが寄り、目は上を見て、前歯は黒く欠けている」のが特徴である。

幽霊図と言えば、高野山来迎寺にある円山応挙の幽霊図が有名です。

これは信徒の方が、供養してほしいと持ち込まれたものだそうで、供養後は家運が上がったと評判になったそう。

白い着物を着て、いかにも薄幸そうな表情で、吸い込まれそうになります。

八坂の塔は聖徳太子の創建による

こんな訳で、修学旅行では、時間が交差して、普段見えないものがあれこれ出てきた。ただ、楽しみにしているものもあったの。

それが、京都東山のシンボル、有名な五重塔。

通称「八坂の塔」。

清水寺に向かう観光では、必ず写真が出てくる。建物が目の前にそびえ立つ感じ。

お寺の正式名称は、法観寺というらしい。この法観寺の創建は飛鳥時代の五九二年と言われていて、あの聖徳太子が創建したそうです。

聖徳太子は、仏教流布による人民の幸福と安寧を願い、各地に仏教寺院を建立したことで知られている。例えば、大阪の四天王寺、飛鳥斑鳩《いかるが》の法隆寺などなど。

ここ、京都ではなんと八坂の塔、その礎石に仏舎利三粒を納めて「法観寺」と号したとのこと。京都における仏教文化の起源、信仰の原点らしいね。

「八坂の塔」は何度か火災で焼失しており、頼朝の手で再建されたり、現在の塔は足利義教の援助によって永享一二年（一四四〇年）に再建された。

五重塔の高さは「東寺」、「興福寺」に次いで高く、高さは四九メートルになる。

昔は京都市内を一望できたのだろうと思う。戦国時代には、上洛した大名が「法観寺」で家紋入りの旗を掲げ、天下人を世に知らせたという。

さすがに歴史の街だわ。

飛び降り女

八坂の塔を見られて安心した。

これが見たかったんだもの。

でも、京都は本当に、お寺が一杯ある。こんなに沢山あるから、いいトコロだと思っていたのに、勘違いだったかも。

私が見たのは一部だけで、どうも京都は不成仏霊が多いのよね。

千年以上も都だったから、政争で敗れたり、恨みつらみで遺恨を残した霊が、思った以上にいる感じなのかしら。

応挙の「幽霊図」と対をなしているのが浮世絵の「高飛び女」。そんな浮世絵があるのかと疑われるかもしれない。でも、現に四階建てビルの高さに相当する「清水の舞台」から飛び降りた女の浮世絵が残っている。

記録によれば、江戸時代、二三四人が飛び降りたのだとか。

清水寺の学芸員の方が話されていた。

飛び降りた人の年齢や性別、居住地、動機などを詳細に調査、記録した文書が出てきたのだとかで、それによると、全体の死亡者は三四人で、生存率は約八五%だとか。

「当時は舞台の下に木々が多く茂り、地面も軟らかな土でした。今ならこうはいきません」

現在は舞台の下は硬そうな土。木々もまばらだ。明治五年に禁止令。

飛び降りの動機は何だったのか？

「観音様に命を預けて飛び降りれば、命は助かり、願いがかなう」

そういう民間信仰なんだとか。

文書によると、「自分の病気の治癒」「母の眼病」「暇がほしい」などと記されている。

決して自殺願望からではなく、あつい信仰心からだったらしい。

聖徳太子、大好き

神様に頼むときには、こんな風に代償の法則をかけて、願いを勝ち取る人もいたのかも。それだけ、自己実現に道が遠かったのかしら。

しかし、人と人との間に貴賤はないと説いた聖徳太子。自分の努力と才能を磨くことを自由にできる制度を取り入れた人。さすがに聖徳太子の創建した塔がそびえ建つお寺のすぐ横で、願望実現のために飛び降りるのは、どうかと思う。もう禁止されているからいいんだけどね。

私も霊体質だけど、志を、小さくでも描いて、コツコツ積み上げる努力をやり続けてきたので、霊は怖くないのだ。

ちょっとは努力してこそ、夢の実現に近づくのだと思うわ。

偉そうに言って、ごめんなさい。

聖徳太子が大好きなので、これから何かお願いごとをするときには、大事にしまってある聖徳太子の一万円札にお願いすることにしようかな。

帰ってきたおばあちゃん

おばあちゃん

僕は五人家族。

父と母と、二つ上の姉と、父方のおばあちゃんと、二階建ての一軒家で暮らしていた。

僕は小さい頃とにかくおばあちゃん子だった。孫にとても甘く、母には内緒でお小遣いをくれたり、おやつを食べさせてくれたりと、すごく可愛がってくれていたのを覚えている。よく公園に連れて行ってもらい、一緒に遊んでくれたものだ。

孫にはデレデレだが、基本は頑固な性格で、出された晩飯に対して嫌味を言ったりするので、母とは少しギクシャクした感じだった。

僕が小学校二年生に上がった年の六月も後半、夏本番と言わんばかりの猛暑日。かねてから姉と僕が飼いたがっていたもう一人の家族、子犬が我が家へやってきた。母の知り合いの人の飼い犬が子犬を数匹産んだそのうちの一匹を引き取らせてもらい、飼うことになったのだ。

小型犬ミク

小型犬の赤ちゃんはとても小さく、我が家に来た日はぐったりしていて半日くらい眠っていたので、このまま死んでしまうのではないかと子供ながら心配したほどだ。

名前は「ミク」と父が名付けた。もし僕が女の子で産まれていたらそう名付けるつもりだったらしい。妙な感じがした。

ミクはすぐ元気になり、やんちゃなくらいにまで成長した。

僕の部屋は、階段を上がったら二階の廊下につながっていて、すぐ右手に母と父の寝室があり、通り過ぎた奥が僕と姉の部屋だった。僕は小さい頃、誰もいない父と母の寝室で昼寝をするのが好きだった。

ミクの行動範囲は一階までで、二階の部屋には行かせないようにしていた。だが度々家族の目を盗んでは二階に上がってくることがあった。

初めてミクが二階に上がってきた時、僕が両親の寝室で昼寝をしていたら、

「ペタッペタッ、ペタッペタッ」

と階段を誰かが上がってくる音がして、廊下を見たら、ミクと目が合った。

勝手に二階へ上がってきていたのだ。慌てて捕まえようとしたが、ミクは急いで階段を降りて逃げて行った。あの時のミクの生き生きとした目が、今も記憶に残る。

溺愛

父も母も共働きで、僕と姉は学校に行っており、日中は家におばあちゃんと

ミクの二人。ミクのお世話を主におばあちゃんがすることになるのだが、おばあちゃんの溺愛っぷりが日に日に増すばかりなのが見てとれた。

おばあちゃんの部屋は、一階のリビングの隣りで、引き戸を開けるとつながる。ミクも自由に出入りでき、おばあちゃんの部屋というより、ミクとおばあちゃんの寝室だ。二人はいつも一緒に寝ている。散歩も一日に朝、昼、晩と出ていて、近所では「犬のおばあちゃん」で有名なほどだ。

ミクのご飯は、基本はドッグフードか、犬用の缶詰を与えている。でも、日に日にどちらも食べなくなってきたので、「おかしい」と思い、一時様子を見ることにしていた。

するとある日、原因を突き止めた。おばあちゃんがコンビニで売っている味の濃いお惣菜やスナック菓子を、毎日ミクに食べさせていたのだ。

その味を覚えるとなかなか犬用のご飯には戻れないのか、ミクは全然食べようとしない。犬にとって、人間の食べるご飯は塩分が高すぎる。コンビニの弁当類は化学調味料たっぷりで人間の体にもよくない。ましてや、小型犬には尚更だ。

ミクが可愛いのもわかるが、このままではミクが早死にしてしまう恐れがある。父も母も注意するが、あまり聞く耳を持たず、注意されてもおばあちゃんは止めなかった。

しびれを切らした僕も注意した。

いや、おばあちゃんがミクばかり可愛がるのが僕は気に入らなかった。するとおばあちゃんは機嫌を悪くしたのか、僕をあまり相手にしてくれなくなった。もう、ミクにしか目がないって感じで、ほんの少し前まではあんなに可愛がってくれていたのにと、寂しくなった。


マグロたたき丼を残さず食べて、発作を起こす

ミクはコンビニのご飯が飽きたのか？　それともそんな家族の様子を見て何か感じたのか（父と母は後者を信じている）、おばあちゃんが買ってきたコンビニのお惣菜をあまり食べなくなり、少しずつ栄養バランスのとれた犬用のご飯に戻ることができた。

月日は流れ……。

僕が小学の高学年になる頃、おばあちゃんは八〇歳を越えていて、体をこわし、発作を起こすことが度々あり、大学病院へ入退院を繰り返すようになった。最後に退院してから三ヶ月ほどたった。

体の調子がいい日はミクと散歩に出て、ミクがおばあちゃんのゆっくりな足取りに合わせて歩く。時折おばあちゃんの方を見上げて、また足取りを合わせてゆっくりと歩く。何だかミクがおばあちゃんを気遣っているようにも見えた。

ある日、家族みんなで夕食をした時、母が作ってくれた「マグロたたき丼」をおばあちゃんは残さず全部平げた。

残さず全部食べられて調子良いのかな？　なんて家族みんなで話していた翌朝、とても苦しそうな様子で

「はぁ…はぁ…はぁ…ぁぁぁ」

あんなに苦しそうなおばあちゃんを見たのは初めてだった。

父はそんなおばあちゃんを見て
「もうだめかもしれない…」
と呟いた。動揺を隠しきれない様子だった。

階段を誰かが上がってくる

発作を起こしたおばあちゃんは救急車で病院へ搬送された。

意識もなく危ない状態が三日ほど続き、何とか一命は取り留めたが、意識は戻らず、延命措置が数日続いていた。

ある日、父と母がおばあちゃんの病院へ行き、僕は一人で留守番をしていた。夜遅くなっても両親は帰ってこず、眠たくなってしまった僕は両親の寝室で寝ていた。

「ペタッ…、ペタッ…、ペタッ…」

階段を誰かが上がってくる音がして、目が覚めた。

「ペタッ…、ペタッ…」

部屋の前で音が止まり、両親が帰って来たのかと思って廊下の方を見ると、真っ暗でぼんやりとしか見えなかったが、そこにはおばあちゃんが確かに座っていて、こちらを見て微笑んでいた。寝ぼけながらも僕は、おばあちゃんが退院して戻ってきたのだと思い、安心してまたそのまま眠った。

お婆ちゃん、息を引き取る

「ポンっ、ポンっ」

誰かに頭を軽く叩かれて、目が覚めた。

すぐ横に母が座っていて、僕を起こしたのだ。

母「おはよう、寝とったね？　お母さん先に帰ってきたよ。お父さんはまだ病院におる」

僕「うん、お帰り。おばあちゃんも退院できてよかったね、もう元気そうやったね」

母は、目を見開き、びっくりした様子。

母「え……？　あんた何言いよると……、おばあちゃんは亡くなったとよ」

　僕はすぐに理解できなかった。

僕「え……？　さっき、ばあちゃん帰ってきてたよ？　俺が寝てる時ここに来たよ」

　母は私の言葉に驚きつつ、おばあちゃんが亡くなったことを再度、泣きながら説明した。

　深夜三時を回る頃、おばあちゃんは息を引き取ったそう……。僕がおばあちゃんに会ったのも大体そのくらいの時間帯だったと思う。

　最後におばあちゃんは僕にお別れをしに来たのだと悟った。

　正直、死ぬ間際はおばあちゃんと、ろくにコミュニケーションをとってなかったし、昔みたいに仲良く過ごす時間がなかった。

　今になって小さい頃のおばあちゃんとの思い出が頭の中をかけめぐり、涙があふれ出た。

　普段はあまり鳴かないミク。おばあちゃんが亡くなってからミクは、悲しそうに鳴きながらおばあちゃんの部屋とリビングを行ったり来たり……。頻繁にするようになった。まるでおばあちゃんを探しているみたいだった。

帰ってきたおばあちゃん

それから月日が経つにつれてミクは落ち着きを取り戻したが　そのかわり不思議な行動をするようになった。

リビングからおばあちゃんの部屋をじっと見ていたり、誰もいないおばあちゃんの部屋に尻尾を振りながら入って行ったり、誰もいないおばあちゃんの部屋に向かって鳴いたりするようになった。

おばあちゃんの気配がするのだろうか。ミクにはおばあちゃんが見えているのだろうか。おばあちゃんが亡くなってからもミクは、今までと変わらずおばあちゃんの部屋で寝ている。

私は思う。

おばあちゃんの魂は、この部屋に帰ってきたのだろう、と。

あなた、もしかして

生まれてから三歳までの記憶

私は、生まれてからの記憶が少なくとも「三歳くらいまで」ある。

人にもよるだろうが、普通、三歳前後の記憶はほぼないといわれる。だから、「物心がつくころ」なんて言葉があるのだ、と思う。かくいう私は、生まれてすぐに、大きな病気をして手術をしている。大手術だったそうだ。

姉や、今はいない父。今では、めったに口を利かない祖父まで、心配して見舞いにきたそうだ。

手術の前に、私は不思議な体験をした。夢の中のことか、実際の体験だったたのか、わからないのだが、一人の着物を着た老婦人に抱っこされていた。祖母なのだと思った。

「お前は良い子に育つからね。いい子だね」

そう、赤ん坊をあやすように抱っこをされていた。

実際、赤ん坊なのだが、その時はどうしてか自分が赤ん坊に思えなかったので、何か、お姉ちゃんになったような気分で自分を見ていた。

「三人称的な感じ」といえば、伝わるだろうか？　つまり、第三者のように見ていた。

着物にミルクを吐く

その人の着物は藍色で、いかにも高そうなお召しだったが、到底私はそんなことは知る由もなく。

私はその老人の着物に、飲んだばかりのミルクを吐いてしまった。

数年たって、幼稚園の頃、母に、「あの時ミルク、ゲーってしたから、おばあちゃんに謝りたいの」

そう言うと、「母は、それは変ね」と言った。

私が入院していた時に来ていた人の中に、親戚の人で着物を着た人はいなかったという。その頃、母の母親、いわゆる母方の祖母は危篤になっており、皆その交代看病で忙しかったことが理由らしい。

ましてや父方の祖母は、その少し前に、叔父（父の弟）が大阪での仕事で機械に指を挟む怪我をしており、その看病のために出かけていたので、私の看病どころではなかった。

一枚の写真

だから、母はそれは記憶違いだと言い張る。

それでも、私は「覚えている」という確信があった。その時の着物の色や、柄、どれくらいの背丈の老人だったかを、母にひとつひとつ話してみた。

子供ながらによく覚えていたものだが、まだ忘れていなかった。一生懸命話していくと、突然、母の顔色が変わった。

そして、一枚の写真を持ってきた。それは、私の記憶というか夢に出てきた老人の写真だった。

「このお婆さんの写真が何でここに…？」と思っていると、母がこう話した。

私が話した記憶にある老人は、母の母。つまり、私の手術の時期に危篤になり、そのまま亡くなった祖母だったのだ。母がアルバムを出して、自分の父や母の話をすることはこれまであんまりなかったので、その写真を見るのは初めてだった。

「お祖母ちゃんよ。あなたの言う通りね。印象がピッタリ。あなた、この写真を前に見ていないわよね？」

「うん、初めて見たわ」

「これが、私のお母さんよ。あなたのお祖母ちゃんね」

「お祖母ちゃんは、病床でもあなたの心配をしていたのよ。赤ん坊のあなたが、きっと良い子に育つように祈っているって。退院して早く会いたいって」

そして、奇しくも祖母が亡くなったその日に、私は手術を無事耐え抜いたという。

そんなことを母は話した。

三人称的浮遊…？

成長するに従い、親戚の皆から、私は「母方の祖母の生まれ変わりだ」といわれていた理由がわかった気がした。

祖母は、最後まで私を見守ってくれたんだと思う。

「お祖母ちゃんは、あなたの体の悪いところを、全部持っていってくれたんだわね」

母や親戚はいまだにそう信じている。

それから、親戚が亡くなると、いつも私のそばに、お祖母ちゃんの霊が寄ってくるのを感じていた。母の弟（叔父）が亡くなった時にも、それは感じていた。

その後は、
一歳半まで通っていた病院。

点滴のシーン。

風変わりな壁画。

などなど、ありとあらゆることが、

「彼女が通っていた病院」

「彼女が点滴を打っているベッド……」

というように、三人称で思い出せてしまうのだ。

まるで、その時だけ、自分の体を離れて天井近くから自分をながめている感覚だった。そして、三歳から六歳までの記憶はぷつんと無くなっている。

それも、急に無くなっているのだ。

写真を見ても思い出せない。

いまだに謎だが、私は他の人と違って、記憶の形が変わっているのだろうか。

「三人称的浮遊」

のあの感覚はいまだに謎のままである。

祖母のふしぎな能力を譲り受ける

それでも、祖母が守ってくれた命を、粗末にせず大事にしようと今なら思える。

そう思って生きている。

そして、私は自分のふしぎな能力をどう説明してよいかわからない。

最近になって、これは祖母の能力を譲り受けたのではないかと思うようになった。

私の父親は二歳で死んでいるのだが、知らないはずの父の死因を、私は言い当てた。墓参りに行った時のあの痛みは、きっと亡くなった原因だと思ったから。

胃ガンだったのだ。

父は一回も見舞いに来てくれなかったけれど、私が生まれたのはうれしかったみたいで、病院に来ようにも来られなかったらしいということが、母から説明を受けないでもわかった。

亡くなった祖母が着ていた記憶の中の着物は、道行（道行とは外出用のコートという意味で、礼装の場合に着られる上着です）に仕立て直されて、代を経て、現在、私が着ています。

そう、私も祖母と同じ着物の道に進んだのです。

和裁士の祖母のふしぎな体験や、自分の経験したすごく思い出に残っている体験。そんな話ができてうれしいと思う。

何より、この年になってもまだ、私は祖母のあの抱っこしてくれた感覚をいまだに思い出せるのだ。

そんな嬉しいことはない。

能力開眼

そして私は、その時からなのか？

どうやら感じるタイプ……というか、お持ち帰りタイプになっているようだ。

まだ自分の能力がはっきりとわかっていなかった時に、私は沖縄で悲しくも切ない体験をした。

その時、祖母のつながりで友人五人とツアーで沖縄の戦地巡礼を行った。

その旅の二日目、とあるガマ（沖縄の言い方で防空壕）に、行くことになった。

それは、とても悲惨で、悲しいガマだったことはガイドの説明で聞いていたし、覚えている。

そして、ガマの見えるところで合掌をする位置まで行こうとした時のことだ。その場所に、行きたくても行けなくなってしまった。

突然、私の身に、とても苦しく、痛く、悲しい気持ちが襲ったのだ。背中や、足、体全体を痛みが襲った。その痛みで、こぼれ出る涙を抑えられなくなった。

痛くて嗚咽する私に、数人の友人が心配そうに声をかけてくれた。しかし、その声にこたえることは出来なかった。

「痛い、苦しい、熱い」

そんな感情が駆け巡っていたところ、近くを通った地元の老婦人が、私に話しかけてきた。

「あなた、もしかして見える方?」

私は見えないし、感じるだけだから首を振ろうとしたが、それすらできない。体の痛みに、どうしたらいいかわからなかった。だから、体を震わせるしかなかった。

それくらい、怖くもあったのだ。それは、何かが伝わってくるような、そんな感じの恐怖だった。

「みんなへのメッセージだから、もし、つらくなければ受け止めてあげてほしい」

そう語る老婦人に、ただうなづくしかできなかった。

どうして私？　なの

今思えば、なんで私にとも思うが、そこにはそれだけの理由があったのだろう。

今はそう思う。

そして、ほかのメンバーが戻ってきたころ、老婦人が私の肩に手をやると、あの激しい痛みは消えた。

そして帰るころ、ふと、あの老婦人も見えていたのではないだろうか。そして、せめてもと思い、私に託したのではないか。

今ならそう考える。

奇しくもその日は、沖縄での終戦といわれていた日だった。

しかし、それから、あの悲惨な悲しい出来事を考えるのがつらくて、私は沖縄に行けなくなってしまった。

もし、また行けるのであれば、今度はきちんとお参りしたいと思う。

姉にも同じ能力が

祖母のこと、沖縄のこと。

色々話せて、私自身楽しかったと思う。

どれも悲しい体験だが、思い出に残る体験として心に残っている。

私の体験は怖い体験ではないが、思い出に残っている分、思い出すと辛かったりもする。

しかも、祖母の家系には、同じく見える能力を持った姉がいて、怖い思いをしたらしい。

自ら命を絶った人の死に場所がわかるというのも、嫌なものではあるだろう。

当然、姉も痛い思いだってしている。

それでも、私の見えないで感じる能力で困ったことは、見えるから防御できるところを、見えなくて防御できないということになる。

いつも、それで貧乏くじを引くのは私だった。

それでも、この能力でこんな大きな体験ができて、この能力も悪くはないと思った。まあ、もう痛い思いは勘弁だが。

それでも、こうしたふしぎな体験を通して、いまの私があると思えるから、何とか平和に生きていきたいと思うのである。

エジソンが霊界通信機を発明しようとしていたことを、私は知っている。何故、そんなことを発明しようとしたのだろうか？

私にはわかる。

あちらの世界に帰った人は、こちら側にいる人の幸福を願っているのだ。だから、失敗したり、道を踏み外したりしないように、アドバイスをしたいのだと思う。

その機械が出来ていたら、私のような能力はなくなるのかもしれない。

本当にあった怖い話
怪 異 譚

編　者　　河 越 龍 子
発行者　　真船美保子
発行所　　KK ロングセラーズ
東京都新宿区高田馬場2-1-2　〒169-0075
電話（03）3204-5161（代）　振替 00120-7-145737
http//www.kklong.co.jp

印刷・製本　大日本印刷（株）

落丁・乱丁はお取り替えいたします。※定価と発行日はカバーに表示してあります。

ISBN978-4-8454-5144-9 Printed In Japan 2021